大川隆法
Ryuho Okawa
「ノアの箱舟伝説」は本当か
大洪水の真相

本霊言は、2014年7月10日、幸福の科学 教祖殿大悟館にて、
質問者との対話形式で公開収録された（写真上・下）。

まえがき

近年は集中豪雨が多い。それによる街(まち)の冠水(かんすい)が世界的に報告されている。果たして地球温暖化によるのか。台風、ハリケーンなどの暴風雨も多い。地震などの大津波なども記憶に新しい。

この小文を書いている日の前夜も、日中の三十五、六度の熱暑の影響もあろうが、東京は突然の大雨と、多発する雷の轟音(ごうおん)に、おびえる声が満ち満ちた。大雨の中、建設中のビルのクレーンに落ちる雷が、なぜかノアの大洪水と、その後の神の怒りに触れたバベルの塔の物語を想起させた。

本書に登場する預言者ノアは、ノアの洪水とアトランティスの海没との意外な近時性をにおわせている。記憶が旧(ふる)くなった魂であるがゆえに、所説の正確さは測りがたい。しかし、「預言者を通じて語られる神の言葉を信じない人類への神罰」という論点の再考は、十分促すに足る内容であろう。

二〇一四年　七月二十五日

幸福の科学グループ創始者兼総裁　大川隆法

#「ノアの箱舟伝説」は本当か　目次

「ノアの箱舟伝説」は本当か
——大洪水の真相——

二〇一四年七月十日　収録
東京都・幸福の科学　教祖殿　大悟館にて

「霊言現象」とは、あの世の霊存在の言葉を語り下ろす現象のことをいう。これは高度な悟りを開いた者に特有のものであり、「霊媒現象」（トランス状態になって意識を失い、霊が一方的にしゃべる現象）とは異なる。外国人霊の霊言の場合には、霊言現象を行う者の言語中枢から、必要な言葉を選び出し、日本語で語ることも可能である。

なお、「霊言」は、あくまでも霊人の意見であり、幸福の科学グループとしての見解と矛盾する内容を含む場合がある点、付記しておきたい。

「ノアの箱舟伝説」は本当か

――大洪水の真相――

二〇一四年七月十日　収録

東京都・幸福の科学　教祖殿　大悟館にて

ノア

『旧約聖書』の「創世記」に登場する人物。イスラエル人が伝承する人類の祖であり、アダムより十代目に当たる。いわゆる「ノアの箱舟」によって、神の審判たる大洪水から救われた人物として知られる。また、イスラム教においては「ヌーフ」と称され、アブラハム（イブラーヒーム）、モーセ（ムーサー）、イエス（イーサー）、ムハンマドと共に五大預言者のうちの一人とされる。

質問者　※質問順

武田亮（幸福の科学副理事長 兼 宗務本部長）

斉藤愛（幸福の科学理事 兼 宗務本部第一秘書局長 兼 学習推進室顧問）

磯野将之（幸福の科学理事 兼 宗務本部海外伝道推進室長 兼 第一秘書局担当局長）

［役職は収録時点のもの］

1 「箱舟伝説」をめぐる謎をノアに訊く

自然災害の背後に見え隠れする神意

大川隆法　少し前から企画としてはあり、ペンディング（保留）になっていたものとして、「ノアの箱舟の物語」の検証があります。

先日の御生誕祭（二〇一四年七月八日）での法話「繁栄への大戦略」でも触れたとおり、「繁栄の条件」を説くのも、宗教の表側の仕事の一つではありましょうが、やはり、もう一つの側面もあると思うのです。

例えば、旧い宗教等をいろいろ検討すると、「世界各地で、傲慢になって神の言うことをきかなくなった人類、あるいは神との約束を破った人類に対して、神が何らかの罰を与える。神罰を下す」というような神話がたくさんあります。おそらく、現代のように技術が進んでいない時代には、自然の猛威はかなりすごかったために、そのような神話が数多くできてきたのでしょう。

ただ、現代においても、そういう影響はあるのかもしれません。

今年も含め、近年、世界各地をいろいろな水害が見舞っています。アメリカでも、ハリケーンで街が水没するようなことがありましたし、アジアの国でも街が水没するような洪水が起きたことがありました。

また、以前、私がタイ巡錫に行こうとしたときにも、タイを大洪水が見舞いました（二〇一一年）。そのときは、空港に向かって洪水が迫ってきている状況だったため、「いくら何でも、これから向こうに行って、そこに着陸するのは気が進まない」と思って、やめたことを覚えています。

2011年にタイで起こった洪水は、チャオプラヤー川流域で甚大な被害を出した。首都バンコクの中心部でも冠水が広がり、タイの行政機構にも大きな影響を及ぼした。

さらに、日本でも、今年は水害が多いような気がしてしかたがないのです。いろいろな所が冠水して沈んだりしており、「雨一つで沈められる」ということを見せつけられている思いがします。

御生誕祭の日には沖縄辺にあった台風が、今日はちょうど、九州のほうから本州のほうへやって来ようとしているところで、直撃を受ける前に収録してしまおうと思っているところではありますが、いずれにせよ、水害がいろいろと起きているような気がするのです。

昨年（二〇一三年）は、フィリピンの巨大台風（ハイエン）にも、多少「神意」があったらしいことを確認しました（『フィリピン巨大台風の霊的真相を探る』〔幸福の科学出版刊〕参照）。

ただ、その内容については、あまりにも奇抜で、飛躍しているため、特に大きな反応があったわけ

天変地異に込められた「海神」からのシグナル
フィリピン巨大台風の霊的真相を探る
大川隆法
なぜ史上最大級の台風ハイエンがフィリピンを襲ったのか!?
緊急出版!

『フィリピン巨大台風の霊的真相を探る』（幸福の科学出版）

ではありません。おそらく、「分からない」ということだったのだろうと思います。

伝説のベールに包まれている「ノアの大洪水」

大川隆法　さて、今年は、「ノアの箱舟」の映画が公開されておりますが（「ノア　約束の舟」二〇一四年公開）、水害への予告のような感じの部分もあるかもしれません。有名俳優が登場しているので、ご存じの方も多いかと思います。

ただ、私がその映画を観た感じでは、そんなに感心できなかったというか、「この神様は怖すぎるかな」と感じ、やや、ついていけない部分もありました。映画の描き方としては、過去にもさまざまにあったと思うのですけれども、「あんなふうにもなるのかな」とは感じたのです。

この「ノアの箱舟伝説」については、例によ

映画「ノア　約束の舟」
（2014年公開）

って、時系列はよく分かりません。時系列で見ると、『旧約聖書』にある、イスラエルの民の始祖であるアブラハムは、たぶん四千年余りぐらい前の人ではないかと思われているのですが、ノアは、アブラハムから数えて十代ぐらい前の人だとも言われています。

また、伝説によれば、「ノアの大洪水が起きたのは、ノアが齢六百歳のころだった」とされていますから、これもすごいことです。昔の話には、よく何百歳とか、千歳とか、そういう年齢が出てくるのですが、こうしたことは、まともに聞けるものかどうかは分からないでしょう。もしかしたら、ゼロが一個多いだけなのかもしれませんし、このへんについては、やや分かりかねます。

ただ、ともかく、「ノアが六百歳のころに大洪水があり、箱舟をつくって、家族と動物一つがいずつを避難させた。やがて、舟が浮いている間に水が引き、新しい陸地が見えて辿り着き、その後、繁栄がもう一回来る」ということになるわけです。

さらに、ノアは六百歳のころの洪水を過ぎ越して、九百五十歳ぐらいまで生きて死んだことになっているので、話としてはかなり大きいのです。そういう意味では、まともに聞けるかどうか、やや分からないところがあります。

歴史的には、「ノアの大洪水」があったとしたら、おそらく、今から四千五百年ぐらい前のことではないかと推定されていますし、一般的には、メソポタミアのチグリス・ユーフラテス川がよく氾濫していたので、そのころに大洪水があったのではないかとは言われています。また、これ以外にも、エジプトではナイル川の氾濫もよく起きていたので、そうした川の氾濫ではないかと言われているわけです。

もちろん川といっても、日本にあるような川ではなく、もっと大きな川ですから、氾濫すると海のようになるということはあるのかもしれません。

箱舟のサイズから推測される大洪水の規模

大川隆法　しかし、もう一つ疑問があります。

ノアは、「大雨が降って大洪水が来るから、箱舟をつくって、それで逃れろ」という神の声を聞いたため、一人でか、あるいは、その家族も手伝ったか分かりませんが、周(まわ)りの村人たちに笑われながらも、箱舟をつくり始めるわけです。

ところが、その箱舟の大きさは、現代のサイズに置き直すと、おそらく幅(はば)が二十数メートルぐらいあり、高さは少なくとも十数メートルはあったと思われるのです。それは、ちょうど四階建てのビルぐらいの高さになるでしょう。四階建てぐらいの高さで、幅が二十数メートルあり、さらに長さが百五十メートルぐらいあるというのです。

その時代に、ノア一人で、あるいは、その家族が手伝ったとしても少人数で、百五十メートルぐらいもある舟をつくったとしたら、当時としては空母のように見えたのではないでしょうか。今であれば駆逐艦(くちくかん)ぐらいの大きさかもしれませんが、世界の動物を一つがいずつ入れるとしたら、少なくともその程度の容積はあったと思うのです。

こうしたことが、一人の仕事でできるかどうかは疑問ですが、あるいは三年ぐらいかければできるのか、分かりません。

いずれにせよ、舟がかなり大きいわけです。サイズがはっきり書いてあるのですが、いわゆる川の氾濫による洪水ぐらいであれば、その間、漂っていて、陸地に辿り着くためには、もっと小さな舟でもよいような気もします。

ところが、百五十メートル級で、現代の艦船にも匹敵するぐらいの大きさということになると、海が非常にせり上がってくる、本当に大きな津波などに対応するものとしか思えません。とても川の洪水に対応するものには思えないので、このあたりが分からない部分ではあります。映画等では、舟が海のなかに浮かんでいるように描かれますので、海の洪水なのかもしれないという感じもしますが、川か海かは分かりかねるところでしょう。

また、日数についても分かりません。四十日か、それ以上かは定かではないのですが、英語で「四十日」と言う場合、many days、many many days（幾日も続くこと）を意味するので、よく分からないのです。

さらに、海原に浮かんでいた箱舟の小窓から鳩を放したところ、何もくわえずに帰ってきたので、まだ水が引いていないらしいと判断し、次にもう一回放したら、オリーブの小枝をくわえてきたので、「ああ、木が芽吹いている。水が引いてきたのではないか」と判断して、そのあと、動物たちと一緒にノアたちが出てくるシーンがあります。

このとき、水が引いて、ノアの箱舟が引っ掛かって留まったところが、アララト山だと言われているのですが、アララト山とは、トルコの国境付近にある大きな山脈の一部で、高さが五千百メートル以上もあるわけです。

その山の標高四千メートルから五千メートルぐらいのところに舟が留まったようなのですが、四千メートル、五千メートル級の洪水といったら大

陸地を探すためにノアが鳩を放ったところ、オリーブの枝をくわえて帰ってきた。そこで、ノアは洪水が引き始めたことを知った。この話がもとになり、鳩はオリーブとともに平和の象徴とされている。

変なことでしょう。これは考えられない規模であって、もし本当であれば、「川の洪水」という説は崩れるだろうと思われます。山の上まで打ち上げられるとなったら、そうとうの規模で、地球丸ごとが水没するぐらいの大きさではないでしょうか。

ノアの大洪水を引き起こした「水」が「宇宙」からの影響という説

大川隆法　六千五百万年前、ユカタン半島に直径十キロぐらいの隕石が落ち、その大爆発で恐竜が滅びたという説がありますけれども、例えば、そういう

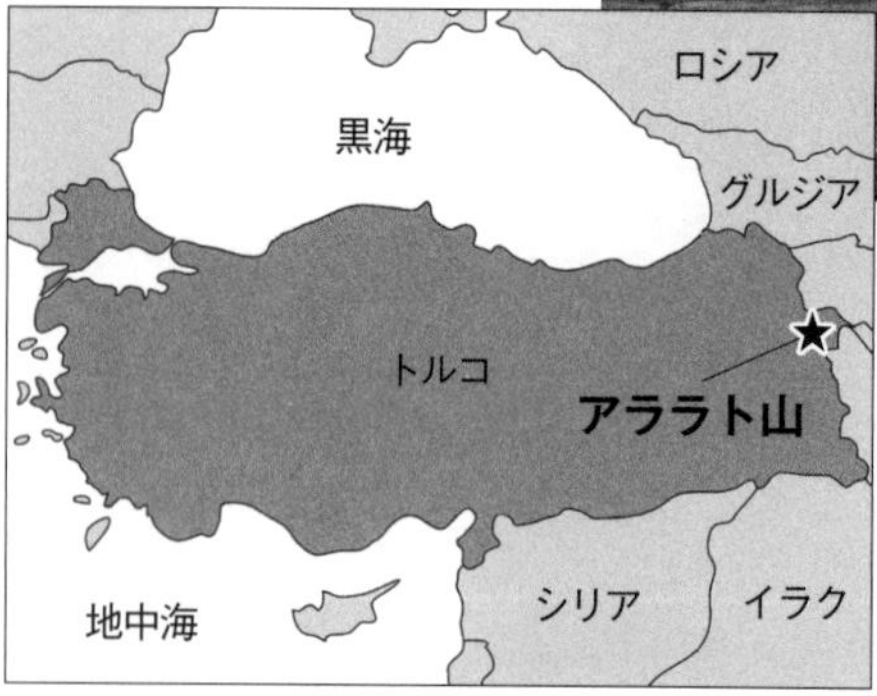

アララト山
トルコ共和国の東端、アルメニアとイランの国境付近に位置する。主峰（大アララト山）は標高 5137 メートル、その東南にある小アララト山は 3896 メートルである。

大きなものが海に落ちて大洪水が起きたようなことがあったのかもしれません。

あるいは、〝オカルト文献〟等に出てくるものとしては、信じてよいかどうかは分からないものの、「水の惑星、ないしは、水の小惑星が地球に接近し、引力によって、その水が地球に吸い寄せられ、天から降ってきて大洪水になった」という説もあります。

要するに、「海の大部分が増水したのではないか」というわけで、珍説ではありますし、証拠はないのですが、そういう説もあるのです。

あるいは、水ではなく、「氷の惑星」という説もあります。それが近づいてきたときに、地球の引力で氷の部分が剝ぎ取られ、地球に吸い寄せられたあとで、溶けて水になることはありえるでし

ノアの大洪水を引き起こし、地球上の陸地という陸地を水没させた大量の水は、どこから来たのか。その答えの一つとして、惑星や衛星など、宇宙からやって来たのではないかという仮説が幾つも提唱されている。

ょう。

いずれにしても、宇宙に向けて、科学的に「生命の起源」を探究する場合、どうしても「水があるかどうか」がキーポイントになるので、水のある惑星を一生懸命に探しているわけです。

水さえあれば、生命が存在することはありえるし、氷の中でさえも生命は棲めると言われています。氷の中でも繁殖し、太平洋を泳ぐように氷を溶かしながら生きているバクテリアまでいることが分かっているので、やはり「水があるかどうか」が大きいのです。

火星についても、望遠鏡で見ると運河のようなものがあるので、「火星人がいるのではないか」と、ずいぶん前から言われていました。人工の運河のようなものが、たくさん縦横に走っているように見えるので、そう言われていたのですが、現在、探索機を送ってみたかぎりでは、表面は赤茶けた砂漠であるとされています。

ただし、地表には水はないけれども、「地下の部分には、少なくとも氷の層がある」

という説もあります。火星には、クレーターのように、いろいろ穴が開いているところがあるので、「その地下には水に当たる部分があるのではないか」という説があり、「火星には生命体の存在がありえる」という見解が科学的にも出ているのです。

ちなみに、当会の宇宙人リーディングでも、火星人だった記憶（きおく）があるような話が出てくることもあるので（『宇宙からのメッセージ』『宇宙人リーディング』〔共に幸福の科学出版刊〕等参照）、火星にそういう時代があった可能性はあるのではないでしょうか。

洪水の原因として、「月」、「惑星（わくせい）」、「温暖化」の可能性

大川隆法　ちなみに、もう一つの珍説として、「ノ

『宇宙からのメッセージ』
（幸福の科学出版）

『宇宙人リーディング』
（幸福の科学出版）

アの大洪水の水を運んだのは月だ」という説もあります。つまり、「月に水がないのはおかしい。実は、そのときに、地球の引力に引っ掛かって捕まった小惑星が月ではないか」というわけです。

さらに、珍説続きですが、「実は、月の内部には空洞がある」という説があります。

これは、月の表面上に地震測定装置のようなものを設置して、実験した結果をもとにした説です。

ロケット等が月から出発するときに、不要になった部分を切り離して月に落とすと、それが、月の地面に当たって震動が起こります。その震動波を装置で測ると、地球に起きる地震波とはまったく違う結果が出ることが分かっているのです。「月

地球の唯一の衛星として身近な月は、謎に満ちた天体としてさまざまに研究されている。
2013年3月12日、幸福の科学総合本部にて、ダークサイド・ムーン（月の裏側）の遠隔透視が行われた。

『ダークサイド・ムーンの遠隔透視』（幸福の科学出版）

では、ものを落としたときの震動が、いつまでたっても止まらずに、ずっと続く」と言われているわけです。

このようになるのは、月が釣り鐘状になっている場合しかありえません。釣り鐘は、一回突くと、振動が長く続きますが、ああいう状態以外にありえないので、「月の内部には大きな空洞がある」という説が出されたのでしょう。

また、「その空洞は、月の水が地球の引力によって吸い取られ、空っぽになってできた部分なのではないか」という説もあります。

そうであれば、「天から水が降ってきた」というようなかたちもありえますし、「それが原因となって、太平洋のような大きな海が出来上がり、陸地の大部分が沈没していく」ということもあるでしょう。

そのようにして大量の水が出てきた可能性も、なきにしもあらずです。

あるいは、それ以外の、「小惑星が原因」ということもありえるとは思います。

それが、氷であろうと、水であろうと、天から大量の水を降らせる可能性はあるため、ノアの洪水の原因は川の氾濫以外にもないわけではありません。

あるいは、「突如、地球が温暖化して、雨が続き、かつては陸地だったところが、どんどん沈んでいった」という可能性もあります。

先日は、東京辺りで集中豪雨がありましたが、降った雨の量からすれば三十ミリから四十ミリぐらい、つまり、三、四センチぐらいの降水量にしかならないものの、わずか三十分もしないうちにそれだけの量が降ると、道路が冠水してしまい、自動車が沈んでしまうようなことが起きました。高速道路などの高架下では、冠水して出てこられなくなるようなこともあったようなので、わずかな水でも、集中豪雨などが起きたら、そのようになることもあるわけです。

いずれにしても、「箱舟が、アララト山の上のほうまで打ち上げられた」というのは、ただごとではないので、「いったい、何があったのか」が気になります。

「神」や「高度な宇宙文明」とのかかわり

大川隆法　また、宗教の裏面の世界としては、「神様は、人間と契約を結んでおり、人間が神の掟を守らなかったら、徹底的な処罰を下されるのかどうか」というテーマがあります。

最近では、ノアの箱舟の映画以外にも、ポンペイの火山の噴火を題材にした映画も公開されました（映画「ポンペイ」二〇一四年公開）。一カ月のうちに両方同時というのは、何かそのようなものを感じ取っているところがあるのかもしれません。

やはり、「悪いものは徹底的に滅ぼして人類を新生させる」「心正しき者だけを残し、動物を一つがいだけ残して生き残らせる」というようなことは、ありえるのでしょうか。

映画「ポンペイ」
（2014年公開）

あるいは、この説によく似たものとして、以前、「宇宙人リーディング」を行った際、「宇宙の〝遊覧船〟のようなもので、地球にいろいろな生き物を連れてきた動物園長のような方がいた」という話もありました（注。過去の宇宙人リーディングで、種の保存のため、絶滅の危険性がある宇宙の生き物を集めて地球に連れてきていたケンタウルス座α星人が確認されている。『女性リーダーたちの宇宙の記憶』〔宗教法人幸福の科学刊〕参照）。「ノアの箱舟伝説と少し話が似ているな」という感じもありますが、「そのあたりと何か関連があるのかもしれない」という気がしないわけでもありません。

さらに、「水の惑星」という意味では、木星の衛星のなかのエウロパなどには、かなり厚い氷の層があり、水があることも分かっていますし、土星の環も氷で出来ていますので、かつて水が存在したことは事実でしょう。つまり、どこかに生命が存在できるような条件があった可能性はあるのです。

はたして、ノアの洪水のときに、いったい何が起きたのでしょうか。

「洪水は、ノアが六百歳のときに起きており、ノアは九百五十歳まで生きた」と言われていますが、これは、なかなか信じられるものではありません。

ただ、このようなことは、日本神話にもあることはあります。「寿命がすごく長い」ということは、日本の神話にもありますし、世界の神話にもよくあるので、額面どおり受け止めたらよいのか分からない面もあるのです。

あるいは、宇宙船のようなもので航行した場合には、時間が〝飛んで〟しまうようなこともあるので、そういうことが起きた可能性もあるのかもしれません。

「繁栄の条件」とは反対の「破滅の条件」は存在するか

大川隆法　ちなみに、ノアの息子であるセムやハム、ヤペテあたりが、●「セム族」、「ハム族」、それから、「エーゲ海地方の民族」の基礎になったと言われており、今の中東のいろいろな民族紛争等のもとになったのは、このノアの子供たちであり、子孫たちなのです。

●『旧約聖書』に記される“諸民族の起源”は、ノアの三人の息子であるセム、ハム、ヤペテにさかのぼる。アララト山に辿り着いた後、セムは東方、ハムは南方、ヤペテは北方に分かれ、それぞれユダヤ人をはじめとするセム語族、パレスチナ人、ラテン人やペルシャ人の祖先となった。

しかし、ノアの子供だけで人類が子孫繁栄していくかどうかについては、疑問がないわけではありません。やはり、この出来事は局地的なもので、ほかのところにも人間がいてくれないと、人類はできないと思います。

また、映画では、メソポタミア地方であれば考えられないような、アフリカの動物たちが、箱舟のなかにたくさん入ってくるシーンが出てきます。キリンやライオンなど、あのような動物がたくさん入ってくるので、（スーツについているブローチを指して）そこで、今日はキリンをつけてきました（笑）。

イラク・イラン辺りに、キリンがいるとは思えないのですけれども、箱舟には、キリンやライオン、サイなど、アフリカの動物がたくさん入ってくるので、「どうなっているのだろう」と、やはり気になりますし、将来、地球の陸地が水没し、人類が、ほかの惑星に移動する手段を持っていた場合、確かに、そのように、「一つがいの動物を連れていく」ぐらいのことをする可能性はあるので、どのような話が、そういう神話になったのか、関心があるところではあるのです。

さらに、「ノアは、ダニエル、ヨブと並ぶ義●人の一人である」という伝承もあるわけですが、この「ノアの洪水」には、信じがたいところもあります。

「神の怒りとして、そういうことがあるのか。そこまでするほどの罪とは、何だったのか。事前に、神を信じない、あるいは、神の言葉を信じないことの罪は、そこまで重いのか」と感じます。

神が、「箱舟をつくりなさい」と告げたので、それほどの大きさの箱舟を、レバノン杉か何か、水に浮きやすい木を切ってつくったわけです。しかし、そんな

アララト山の上に漂着した箱舟。ノアに連れてこられていた動物たちが、洪水の引いた地上に続々と降りてきた。

●義人　キリスト教の概念で、利害を顧みず、正義を重んじる人。

に大きな舟をつくったら、周りの人は、普通、笑うでしょう。現在であっても、そういうことをしたら笑うはずです。

ただ、「そういうことを信じられたということは、非常に信仰がある」ということで、ノアは、のちのちまで称えられているのであろうし、信じずに笑った人たちや迫害した人たちは滅ぼされたわけです。

信仰とは、そこまで重いのでしょうか。そして、それを伝えんがための神話なのでしょうか。

今、当会にも、神仏、あるいは、それに近い高級諸神霊からの霊言が降りていますが、これをあざ笑う者は、まだ、たくさんいると思います。

現代では、平均的な学校教育を受けて、平均的なインテリとしての職業に就いているような人であれば、一般的には、「霊言のようなものは信じられない」というのが普通かもしれません。

また、今、当会は、霊言集を発刊して戦っているわけですが、「これを信じない」

ということは、冒頭で述べた「繁栄の条件」とは反対側の「破滅の条件」として、コインの表と裏のような関係にあるのかどうか。

このへんについて、ノアをお呼びして、訊いてみることはできないかと考えています。

これらが、本日の試みの趣旨です。

旧約の預言者ノアを招霊し、真相に迫る

大川隆法　台風接近の折なので、リアリティがあるかもしれませんし、あと一日か二日で、東京辺りが水浸しになった映像だらけになる可能性もあります。

先日も、洪水ではありませんが、時ならぬときに雹が降り、「三鷹市などでは、三十センチも雹が積もった」などという信じられないようなことがあったのです。

「六月の雪」というような話はあって、例えば、失恋した相手に何回も〝ストーカー〟をして迫り、もう一度、恋がよみがえってくっついたりすることを、「六月の雪が

降らないということもない」というように言われることがあるのですが、今回、「六月の雹」が降り、三十センチも積もったので、そういうこともあるのかと思いました。

本日は、「そういう、天変地異とかかわるものがあるかどうか、探りを入れてみよう」というあたりです。

あるいは、呼んだ霊人が失言をして、何かを漏らしてしまうことがあるかもしれません。今日は、私も、御生誕祭の大講演会のあとで、頭がちょうどよい具合に〝ぼやけて〟います（会場笑）。睡眠を取るまでではありませんが、頭がぼやけていて、理性がやや〝緩く〟なっていますので、思わぬことを口走る可能性があるのではないかというところに「期待」しています。

（質問者に）では、始めましょうか。

（合掌し）それでは、『旧約聖書』の創世記にもあります、「ノアの箱舟伝説」の真相に迫りたいと思います。

アブラハムより数えて十代ぐらい前の人といわれる義人ノアをお呼びして、「はたして、天変地異や神の怒りなど、そうした『人類破滅の条件』のようなものが、実際に存在するのかどうか」ということについて調べてみたいと思います。

旧約の預言者、ノアよ。

旧約の預言者、ノアよ。

どうか、幸福の科学 教祖殿に降りたまいて、その当時の真相について語りたまえ。

旧約の預言者、ノアよ。

旧約の預言者、ノアよ。

どうか、幸福の科学 教祖殿に降りたまいて、伝説の真相について語りたまえ。

よろしくお願いします。

（約二十秒間の沈黙）

2 ノアの大洪水は、いつ、どこで起きたのか

「人類は繁殖しすぎて神様を忘れておる」

ノア　アッハッハッハッハ。アッハッハッハッハ……。

武田　こんにちは。『旧約聖書』に有名な、義人ノア様でいらっしゃいますでしょうか。

ノア　うん。

武田　本日は、幸福の科学 教祖殿 大悟館にお越しくださいまして、まことにあり

がとうございます。

ノア　うーん。

武田　冒頭に、大川隆法総裁からお話があったのですけれども、現代は、ノア様が地上におられたころから、かなりの時間がたっていまして、ノア様のお話を、われわれは『旧約聖書』を通して学んでいるわけですが、あまりにも文献が少なく、想像するしかないという状態です。そこで、今日は、ノア様が経験された「箱舟伝説」といわれるものの真相に迫らせていただきたいと思います。

どうぞ、よろしくお願いいたします。

ノア　君たちは処罰されたいんだな。

武田　処罰されたい？

ノア　うーん。きっとな。わしの話を聞きたいっていうことは、「神の処罰」を待っとるわけだよなあ。

武田　ほう。それは、どういう意味でしょうか。

ノア　まあ、繁殖しすぎとるわなあ、人類がなあ。繁殖しすぎて、神様を忘れておるわなあ、どう見てもなあ。

だから、わしのときのように、大洪水で人類を滅ぼすような神様がいたら、やっぱり、驕り高ぶりは、今、見られるわね、はっきり言ってねえ。

「ノアの洪水」のあとは、「バベルの塔」の物語が、また続くわなあ。

『旧約聖書』に見る人類への「警告」の物語

ノアの大洪水
『旧約聖書』の「創世記」に記された物語。人間が堕落し、地上に悪がはびこったため、神は人類を滅ぼすべく、大洪水を起こした。箱舟に乗ったノアの家族と動物たち以外、すべての生物は滅びたという。

バベルの塔
同じく、『旧約聖書』の「創世記」に記された物語。人類は、天に達する塔をつくろうとするも、その傲慢は神の怒りを買った。それまで共通の言語を話していた人類であったが、言語を混乱させられ、塔の建設は不可能になった。

武田　そうですね。

ノア　あのときも、神様と競争して、なあ？　今は、高層ビルがたくさん建って、天を摩するがごとき摩天楼の山が、いや、タワーがたくさん建っておるがなあ。

それで、「宇宙にも出れる」「生命もつくれる」というようなことで、だいぶ慢心はしてきておるからねえ。

だから、「ノアの洪水」と「バベルの塔」の両方があってもいいぐらいの感じかなあ。

武田　なるほど。

ノア　まあ、人間から見りゃ、神様が嫉妬しているように見えるかもしらんが、神様の側から見れば、傲慢になったら、やっぱり、「罰は与えなくてはいかん」というように思うことはあるわねえ。

あんたが神様だったら、そう思わんかい？　やっぱり傲慢だろう？

武田　そうですね。

ノア　だから、やっぱり、滅ぼしたいところは、だいぶあるわなあ、それはね。

武田　なるほど。

「箱舟伝説」の舞台は、現在の「中東」ではなかった？

武田　では、ノア様が経験された「箱舟伝説」につきまして、少し、当時のお話を伺いたいのですけれども、まず、ノア様は、どちらの方であったのでしょうか。

ノア　「どちらの方」っていう言い方は、ないんじゃないか。「こちらの方」っていうか、「どちらの方」って、そりゃあ……。

武田　どちらの地域で生活されていた方だったのでしょうか。

ノア　うーん。「どちらの人」っていう言い方ねえ。まあ、いちおう地球人だったと思うけどなあ。

武田　地球人？　ええ、それは分かるのですが、「地球のどの辺りで経験された話なのか」というところを、まず伺いたいと思います。

ノア　うーん、まあ、地球の〝アブラハム共和国〟かなあ。

武田　〝アブラハム共和国〟ですか。

ノア　うーん。

武田　現在で言うところの、チグリス・ユーフラテス川流域辺りのお話とも言われているのですけれども、どうなのでしょうか。

ノア　まあ、川はあったかもしらんがなあ。川はあったかもしらんとは思う。しかし、そうかなあ。

武田　場所は、お分かりになりませんでしょうか。

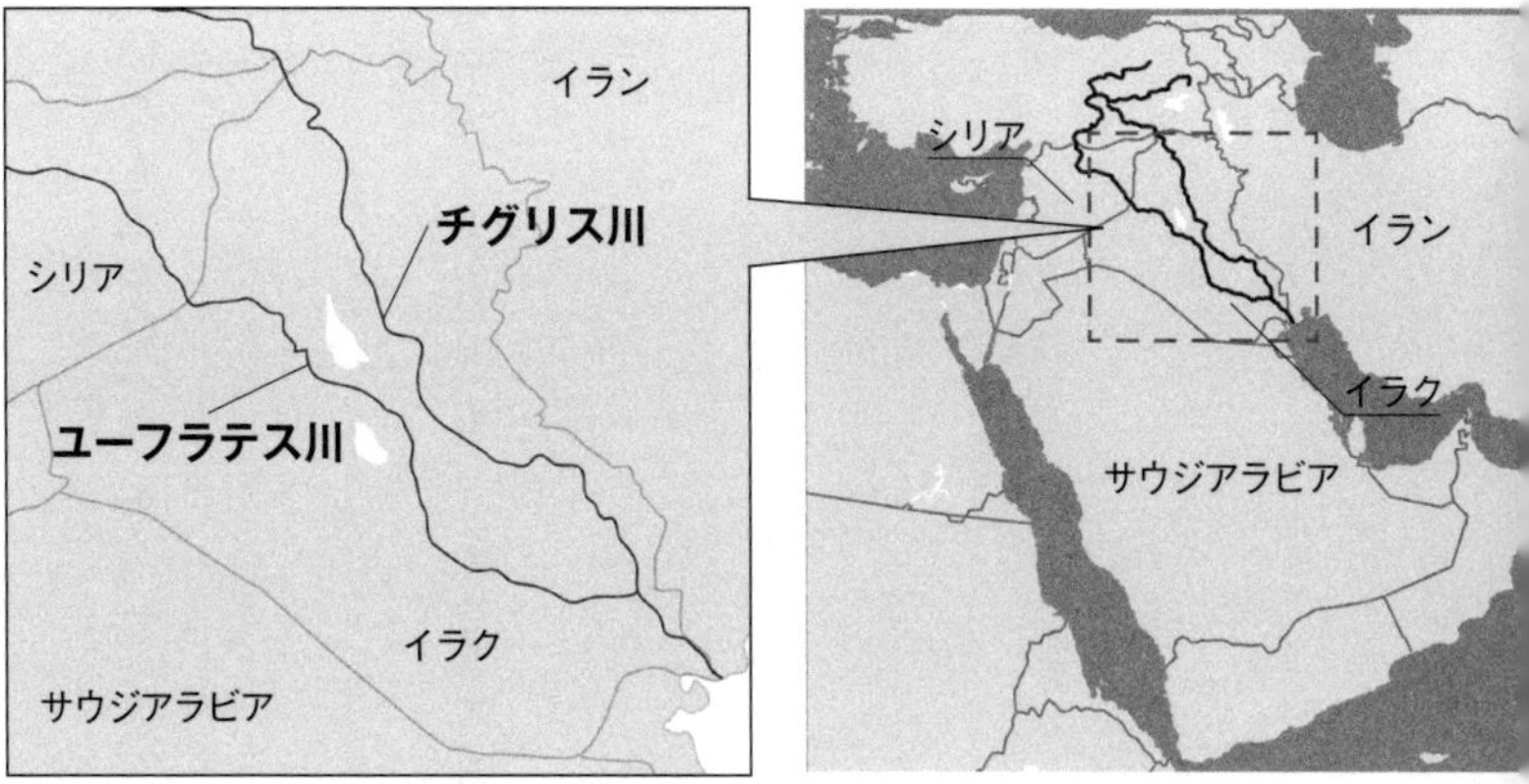

チグリス川とユーフラテス川は、共にトルコを源流としてペルシャ湾に注ぐ大河。この中東の２つの大河にはさまれたメソポタミアには、古くから文明が栄えた。

ノア　う～ん。まあ、当時は、そんなに、地図みたいなものを見て、やってなかったでなあ。

武田　例えば、現在のイラクという国の付近でしょうか。それとも、イスラエル、あるいは、エジプトでしょうか。

ノア　う～ん。

武田　川であれば、エジプトやイラクに大きな川がありますけれども。

ノア　いやあねえ、そうでもないかもしらん。

当時の「地形」は、今と大きく違っていた!?

ノア　だから、サウジアラビアから、いろいろ、近所に砂漠がたくさんあるだろうが。あれは、海の底だったかもしれないからなあ。

武田　ほう。

ノア　うん。あの砂漠がなぜできたか、気にならんか？

武田　気になりますね。

ノア　あれは海の底だったな。

武田　では、ノア様の時代は、あそこは、まだ海だった？

ノア　海だったんと違うかなあ。

武田　ほう！　それで、ノア様が洪水を経験された場所というのは、その辺りから近いところですか？

ノア　うーん。どの辺に当たるんだろうねえ。まあ、山になってるところが岬みたいなもんだったのかなあ。だから、そうだねえ。「モーセの山」なんかも、そら、今なら島かもしら

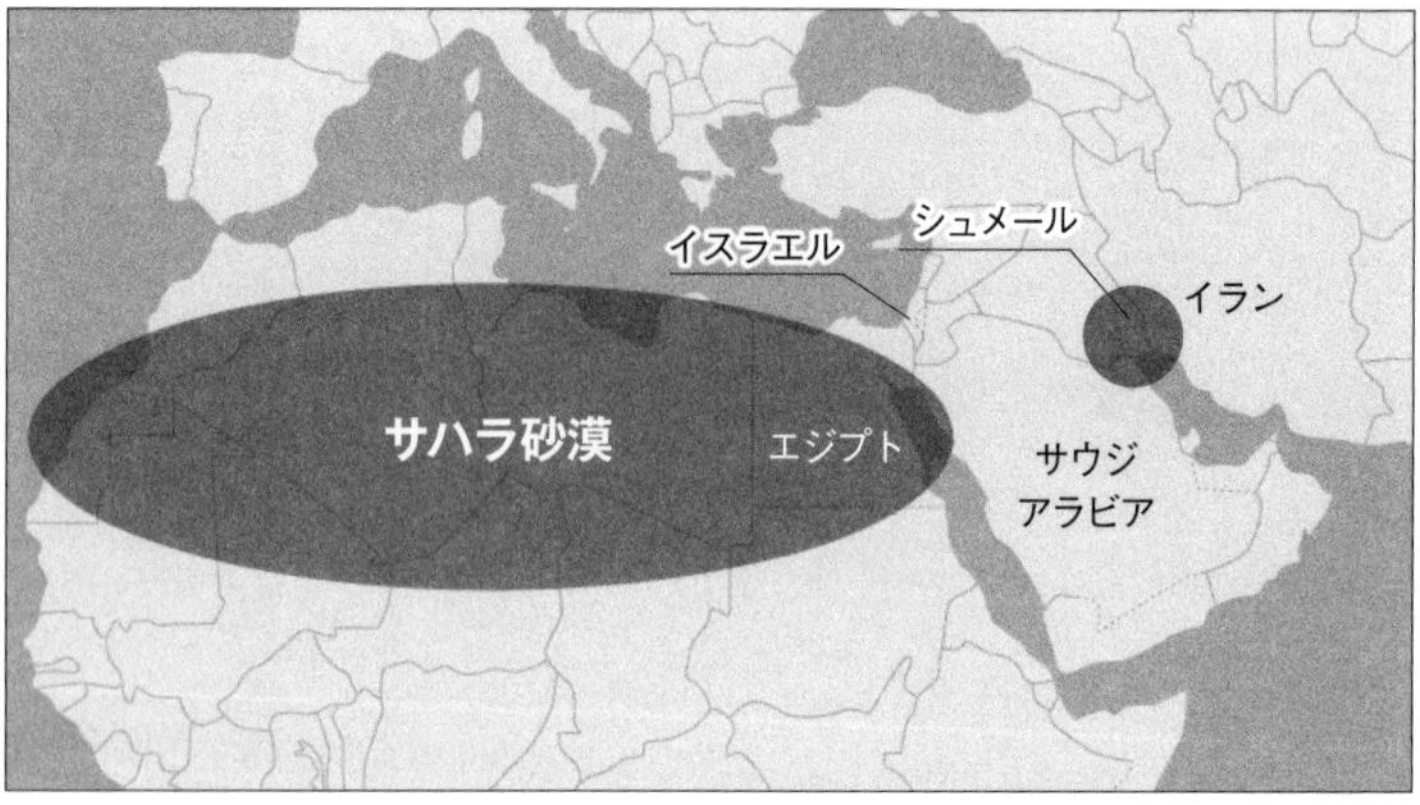

ノアとの対話であげられた地名。
シュメールは現在のイラクのチグリス・ユーフラテス川にはさまれた地域。

んなあ。

武田　ほう。

ノア　水が引いたんでなあ。

武田　では、やはり、シュメール地方でのことと考えてよろしいのでしょうか。

ノア　シュメール？　うーん。シュメールねえ。シュメール……。ずいぶん長生きしたでなあ、よく分からんのだけど。

うーん。いや、地中海なんか、あんなもん、なかったんだよな。

武田　何があったのでしょう？

ノア　あれは、水たまりになったんだ。

武田　では、もともとは、水たまりではなかったということですか?

ノア　いやいや、違う。水が引いて、水たまりになったのが地中海や。

武田　はい、はい。今が引いた状態……。

ノア　うん、水たまりになった。

武田　なるほど。

ノア　だから、今の地形が違う。

武田　では、もっと水面が高くて、陸地が沈んでいたということですね。

ノア　うーん。そうだなあ。

武田　ほう。

ノア　サハラ砂漠だって、あんなのは、ほんとは海の底だろう。

武田　なるほど。

「ノアの箱舟」は四千五百年前より、もっと古い話だった?

武田　エジプトは、そのころ、あったのでしょうか。分からないですか。

ノア　うーん。まあ、エジプトなあ。エジプトと時期が合うんかなあ。どうなんかなあ。分からんが、わしを記録したのは、モーセたちなんだと思うんだがなあ、「創世記」はなあ。

武田　はい。

ノア　モーセが、「創世記」と思って書いた時代がいつの時代かっていうと、もっと古いかもしれないなあ。

武田　まあ、伝説ですから、もっと古い可能性がありますね。

ノア　まあ、モーセが三千年余り前だからねえ。もっと古いかもしれないねえ。だから、アトランティスの水没(すいぼつ)だって、「沈没(ちんぼつ)した」っていう考えもあれば、「洪水で沈んだ」っていう考えだって、あるわけだからねえ。

武田　うーん。

ノア　まあ、そういうこともあるわけだから、今の地図とは、だいぶ違うかもしらんなあ。

武田　かなり違うんですね。時代、もしくは、年代の特定はできますか。

●**アトランティスの水没**　大西洋上にあったアトランティス大陸は、1万1000年ほど前から1万年ほど前、三段階にわたって沈没した(『太陽の法』参照)。

ノア　うーん。なんせ、もし、アブラハムがなあ、何億年も前の人だったとしたら、大変なことになるだろう。

武田　そうですね。

ノア　なあ。だけど、当時の人間の考えとしては、そんな大きなあれは考えられんかったから、まあ、何千年ぐらいで言うてるんだろうけどねえ。

武田　冒頭に、大川総裁からもあったのですが、「アブラハムが、だいたい、四千年ぐらい前の人ではないか」という説があるんですね。

ノア　うーん。まあ、それは、現代人は忙しいからねえ。〝せっかち〟だからさあ、四千年ぐらいにしときたいだろうけどなあ。

武田　ノアの大洪水は、「だいたい四千五百年ぐらい前ではないか」というお話だったのですが……。

ノア　うーん。年数の特定は、分からんなあ。

「イサクの犠牲」(レンブラント)
アブラハムは「イサクを我に捧げよ」という神の命に決意を固めるも、その信仰心を認められ、天使に制止される。

アブラハム
ノアの洪水後、人類救済の出発点として神に選ばれた預言者。古代イスラエル民族の伝説的な父祖。神に対する絶対的な信頼と服従により、「信仰の父」とも呼ばれる。

3　ノアと日本の「意外な関係」

世界的なものだった「ノアの時代の洪水」

武田　少し質問を変えさせていただきます。
例えば、当時、シュメール地方には、すでに王国があったと思うのですけれども……。

ノア　まあ、あったかもしらんなあ。

武田　ありましたよね。そのときの王様の名前は知っていますか。

ノア　うーん、分からん。でもまあ、メソポタミアの洪水は、しょっちゅう起きておったとは思うけど、洪水伝説は全世界の神話に遺(のこ)ってるんだよ。

武田　ありますね。

ノア　そこだけじゃなく、全世界に洪水神話はあるんでねえ。だから、ちょっと、そうした大きなものと、地域的なものとは別なんだよなあ。

武田　そうしますと、メソポタミアで起きた洪水と、ノア様の洪水は別でしょうか？

ノア　うーん、わしは、もうちょっと前のような気がするがなあ。

世界各地に遺る洪水伝説

「シュメール神話」（シュメール）
神が洪水による人類の抹殺を予告したが、エンキ神が大きな舟をつくるように指示。ジウスドラは、洪水の難を逃れ、楽園において神から永遠の命を授けられる。

「ポポル・ヴフ」（マヤ）
人類が神々を崇拝しなくなったことに怒り、風と嵐の神フラカンが大洪水を起こした。その後、４人の男女が再び住み始めたというが、この物語には箱舟は登場しない。左図には、「雨蛇」と「洪水の女神」が描かれている。

「ギルガメッシュ叙事詩」（バビロニア）
ギルガメッシュ王が旅先で、大洪水の生存者であるウトナピシュティムから聞いた物語。ウトナピシュティムは、舟をつくって彼の家族や友人、財産や家畜を守ったという。

「ヒンドゥー教の聖典」（インド）
ヴィシュヌ神の化身が、マヌに「大洪水が起きてすべてが流し去られる」と警告する。マヌは舟をつくって北方の山に逃れ、マヌが新たな人類の始祖となった。

「ギリシャ神話」（ギリシャ）
ゼウスは人間の悪行に嫌気がさし、絶滅させるために大洪水を起こした。しかし、事前に警告を受けていたデウカリオーンは、箱舟をつくって妻と乗り込んだため助かった。

「中国の神話」（中国）
大洪水が起きるも、伏羲とその妻、女媧が巨大な瓢箪に乗って難を逃れ、助かった二人が人類の始祖となったという。

武田　前ですか。

ノア　もうちょっと前のような気がするなあ。いや、わしの洪水のあと、水が引いたあとに、エジプトのピラミッドとか、出来たんと違（ちが）うのかなあ。

武田　ほう。

ノア　そんな感じがするがなあ。

武田　では、かなり前ですね。

ノア　まあ、あの辺は海底だったんじゃないのかなあ。

武田　それは、五千年、六千年ぐらい前ということですか？

ノア　うーん、分からんけどさあ。なんか、まあ、一万年から一万二、三千年前ぐらいの、そのあたりぐらいに、すっごい地殻（ちかく）の大変動が起きてるんでなあ。大陸の隆起（りゅうき）と陥没（かんぼつ）、大洪水というのが、いろいろ起きとるので……。

武田　それは、今で言う中東の地域に起こったということでしょうか。それとも地球的なものだったのでしょうか。

ノア　うーん。地球っていう概念（がいねん）があったかどうかは知らんけども、世界だなあ。

武田　ふーん。

「日本」は大陸と地続きだったが、洪水で小さくなった!?

ノア　日本なんかも、洪水が引いたあと、できたんと違うのかなあ。

武田　ええ。「天之常立神の霊言」では、そういう話も出ていましたね。「日本にも大洪水が起きたことがあった」と（『天之常立神の霊言』〔宗教法人幸福の科学刊〕参照）。

ノア　そうだろう。

武田　ええ。これは本当の話だった……。

ノア　うーん、本当は、もうちょっと大きな

『天之常立神の霊言』
（宗教法人幸福の科学刊）

●日本にも大洪水が……　『天之常立神の霊言』によると、太平洋から50メートルぐらいの高波が日本列島を襲い、文明が滅びたことがあったという。

ものがあったんじゃないかねえ。なんか、そっちは水が増えて沈んで、残った山の周りが、今の日本列島になってるんじゃないのかねえ。だから、もうちょっと大きな大陸のほうと、つながってたんと違うのかなあ。

武田　いわゆる、ムー大陸でしょうか。

ノア　って言うのかねえ。まあ、よくは分からんけど、そうなんでないかねえ。

武田　なるほど。

ノア　日本っていう国は、洪水で小さくなったんじゃないか、これ。

武田　ほう。メソポタミアから、かなり遠いところの話ですが、ほぼ同時期にあっ

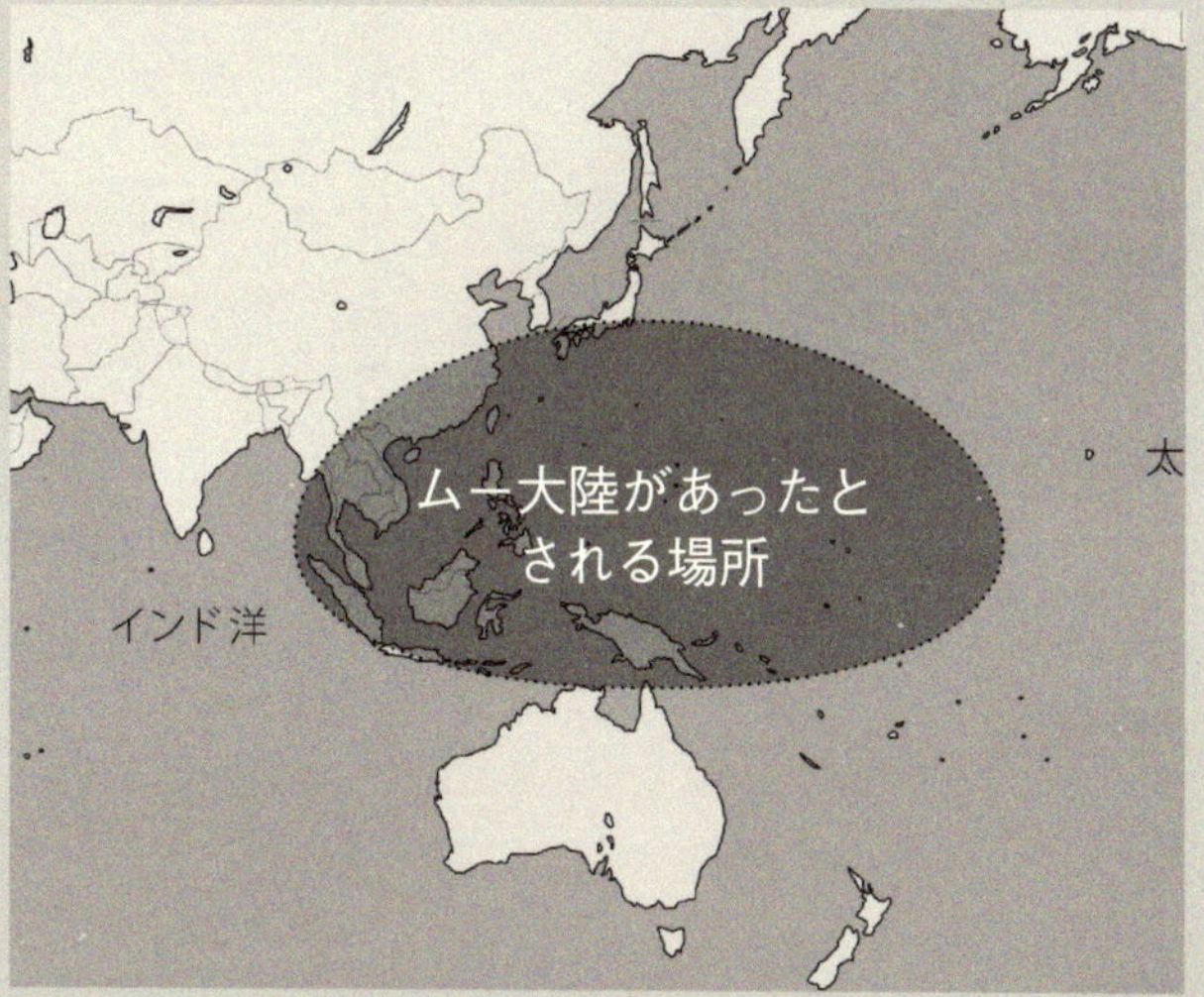

ムー大陸とは、かつて太平洋上に存在していた伝説の大陸。1万5300年前に、三段階にわたる大陸の沈下によって海中に没した（『太陽の法』〔幸福の科学出版刊〕参照）。

ムー大陸に栄えた文明の様子
（大川隆法製作総指揮映画「太陽の法」〔2000年公開〕より）

『失われたムー大陸』の著者ジェームズ・チャーチワードによる想像図。大地震や火山爆発、大洪水によって海中に没したとされる。

たのではないかという話もあります。これを、なぜ、ノア様はご存じなのでしょうか。

ノア　うーん？

武田　日本のことは……。

ノア　そんなことないわ。だって、生き残ったのは、私一人だからさあ。日本人も、私の子孫なんでな。

武田　子孫なのですか？

ノア　うーん。そら、そうだろう。もう、私の家族しかいなかったんだから。

武田　なるほど。

ノア　もう大変だったよ、子孫を〝製造〟するのは。本当に忙しくて。

箱舟には、どのような「動物」と「人類」が乗っていたのか

武田　少し、その話にも入るのですけれども、『旧約聖書』では、「ノアの家族、それから、あらゆる動物の一つがいが、ノアの箱舟に乗せられて生き残った」という話になっています。これは、そのとおり受け取ってよろしいのでしょうか。

ノア　うん。そらあ、家畜ぐらい乗せるわね、やっぱりねえ。

武田　乗せますね。

ノア　うん。そら、乗せるわねえ。
武田　人は？　人類は？
ノア　人類は、うちの家族だけだ。
武田　だけですか。
ノア　そら、そうだよ。
武田　何人、乗ったんでしょう。

神の命令に従って箱舟をつくるノア（右端）と、三人の息子、セム、ハム、ヤペテ。

ノア　うん？　だから、数名だよ。

武田　数名。具体的には……。

ノア　ええ？　具体的には、家族って言われてるけど、名前が遺ってる、「部族の長(ちょう)」になった人たちだなあ。あと、まあ、名前が遺っとらん者に、日本人の先祖がいるわけだ。

武田　「三人の子供が残っている」と言われていますけれども……。

ノア　それ以外は、ほかの地方に行ったんだ。

武田　セム、ハム、ヤペテ。この三人の子供以外に、いたということですか？

ノア　うん。ほかの国の民族の祖になる者は、まあ、いたことはいたかなあ。

武田　それは、家族ですか？

ノア　家族なのかなあ。分からない。族長だから、そうかもしらん。

武田　では、「ノアの家族だけではなくて、ほかにも、部族の長のような人が舟に乗っていた」ということでしょうか。

ノア　部族の長なあ……。

武田　今、おっしゃっていましたけれども……。

ノア　いやあ、神に選ばれた者だけな。まあ、あとは、わしが、ちょっと手伝いで必要な人を入れたかなあ。

「日本人の先祖は間違いなく箱舟に乗っていた」

武田　人間は、何人ぐらい……。

ノア　うーん……。わしは、もう、〝神様の仲間〟だったからねえ。だから、人間というんだったら、まあ、もうちょっといたかもねえ。舟の大きさから見て、もうちょっと、いたんじゃないかなあ。

武田　数十人？

ノア　うーん。

武田　数百人?

ノア　いやあ、日本人の先祖はいたよ。間違いなくいた。

武田　日本人の先祖がいた?

ノア　うん、うん。間違いなくいた。

武田　ほう。

ノア　うん。送った覚えがあるから。

武田　送った覚えがあるんですね。「送った」というのは、日本にですか？

ノア　うん。

武田　ほう。では、舟で送ったのですか。

ノア　うん？　だから、干上がったあとな。陸地ができたあとにね。まあ、いろいろ散っていったからなあ。

4　ノアが「神」と呼んだ存在とは

箱舟に乗ったのは「ノア教団」の人たちだった

武田　では、まず、「舟に乗った人たちは、けっこういた。数十、数百人いた」と。

ノア　数百なあ、うーん……。

武田　それは、同じ地域に住んでいた人なのでしょうか。「そうした人たちが生き残って、そのあと、各地に散っていった」という、そういう物語ですか？

ノア　まあ、預言者(よげんしゃ)のわしの言うことを信じとった、つまり、「ノア教団」だな。

武田　ノア教団？

ノア　うーん。ノア教団の人たちは乗ったのかな。まあ、今だって、百五十メートルぐらいの舟をつくったら、何人ぐらい、乗組員はおるかなあ。そこそこは、いるんじゃないかなあ。

武田　いますよね。ただ、動物も入れなくてはいけませんし、これは、どのくらいの規模だったのかというのを……。

ノア　うーん。まあ、一人では、舟はつくれんわなあ。それは、そうだ。だから、ノア教団はいたんじゃないかなあ。

あとは、名前が遺（のこ）ってるのは、もう、神様の格がある人だからね。

武田　それは、三人の子供ということですか?

ノア　名前は遺っとらんけども、まあ、いるってことだ。
イエスなんていうのは、私から見りゃあ、もう、本当に、ずーっと、ずーっと、子孫の〝あれ〟やからねえ。

武田　なるほど。

ノアの箱舟は、「宇宙人」の助けを借りてつくったのか

斉藤　舟の大きさについてですけれども、「一人ではつくれないぐらいの大きさだった」とのことですが、「教団を挙げてつくられたのかな」という感じがするのですが……。

ノア　まあ、そうだろうねえ。

斉藤　例えば、先日より上映中の映画「ノア 約束の舟」では、なぜか、宇宙人といいますか、宇宙からの方の助けを借りて、舟をつくっていたという表現になっていたのですけれども、そのへんは、本当に、人の手だけでつくられたのでしょうか。

ノア　宇宙人なあ。うーん……、宇宙人かあ。宇宙人、宇宙人なあ。

「神様」と「宇宙人」の区別も難しいからねえ。わしらの時代は、「神様」と「宇宙人」の区別があんまりつかんかったから

映画「ノア 約束の舟」では、ウォッチャーズと呼ばれる岩の巨人たちの手助けで箱舟がつくられた様子が描かれている。なお、『旧約聖書』には、ネフィリム（天から落ちてきた者たちの意）と呼ばれる巨人たちに関する記述がある。
「ノアの箱舟の建造」（『ベッドフォードの時禱書』より）

ねえ、よく分からんなあ。

ノアは神を「ヤハウェ」や「エホバ」とは呼んでいなかった

磯野　当時、ノア様が「神」と呼ばれていた方は、何か、お名前をお持ちだったのでしょうか。

ノア　うーん、何だかねえ、よく分からないんだが、言うことをきくと、すごくかわいがってくれるけど、言うことをきかないと、すごく厳しい、なんかそういう人がいたような気はして。これが、たぶん、西洋的な善悪を非常に厳しく言う考えのもとになってるのかなあ。

斉藤　例えば、「ヤハウェ」とか、「エホバ」とか、そういう感じの名前に、何か感じるものなどはございますか？

ノア　そらぁ、モーセか誰(だれ)かが言うてることだろう。

斉藤　それは、少し未来の時代のことになると思います。

ノア　そうだろう。そんな、「ヤハウェ」や「エホバ」なんていうのは、あとからくっつけた名前だからさあ。わしらのころは、まだ、そんなんじゃなかったような気がするなあ。

磯野　ノア様は、その方をどのようにお呼びしていたのですか？

ノア　うーん、「神様」って呼んでただけだ。

ノアは「救世主」として神の声を伝えていた？

磯野　その神様のお声を、おそらく、聴かれたことがあると思うのですけれども……。

ノア　うん、うん、うん、うん。

磯野　どのようなかたちで、その神様の声というのは聞こえてきたのでしょうか。

ノア　うーん、そうだねえ。そこを教えたら、君が〝救世主〟になる可能性があるから、そんな簡単には教えられないところではあるんだけどなあ。

磯野　では、少し質問を変えさせていただきます。ノア様は、その神様の……。

ノア　わしは「救世主」だよ、言っとくけど。うん。「救世主」だよ。

磯野　ええ。そうだと思いますけれども、その神様のお姿をご覧になったことはありますか。

ノア　神様ねえ。神様は、「声」なんだよ。声として存在するんだよ。

磯野　それは、今、私たちが会話をさせていただいているように、音として聞こえてくるのでしょうか。それとも、テレパシーのように、「想念」や「思い」として伝わってくるのでしょうか。

ノア　まあ、「内なる声」としては響(ひび)いてくるね。神様と話をすることはできるし、それを伝えることもできるが、たいていの人は、それを信じないことも多いので、そういう人たちは、舟に乗せてやらないっていうことになるわな。

斉藤　舟に乗れなかった方々は、どのような信仰をお持ちだったのでしょうか？

ノア　だから、土着の信仰は、ほかにも、たくさんあったわけよ。だけど、気に食わない信仰がたくさんあったから、そのへんを一掃したかったんじゃないかな。

斉藤　どうして気に食わなかったのでしょうか？

ノア　なんでかなあ。やっぱり、私が〝救世主〟だったから、ほかの人のは、ちょっと……。うーん、〝救世主〟の意見をきかないやつは、やっぱり駄目なんじゃないかなあ。

ノアが語る「アダムとイブとの関係」

斉藤　『旧約聖書（きゅうやくせいしょ）』では、例えば、アダムとイブですとか、カインとアベルですとか、ノア様のもっと前にも、いろいろな方がいらっしゃると思うのですけれども、そうした方々とは、どのようなご関係でいらっしゃいますか？

ノア　アダムとイブね。それも、ちょっとなあ、微妙（びみょう）なあれがあるからさあ。いろいろな神話がなあ、一つになって、一緒（いっしょ）に書かれておるから分からないんだけど。あれは、わしのブドウ園で働いとった人たちと違（ちが）うんかなあ。

斉藤　では、アダムとイブの神話よりも、前からいらっしゃるということでしょうか。

ノア　そりゃそうだよ。洪水が引いたあと、農業をやって、動物を放して、動物園もつくって……。いや、動物園はつくってないか。餌で動物を繁殖させて、農業を広げて、ブドウ園をつくって、ブドウ酒もつくらせて。

だけど、ブドウ酒をつくらせていたのに、それをきちんと納めないで勝手に飲んで、飲んだくれて、悪さをするようなのも出てきて、そういう追い出されるような神様が、「バッカスの神様」っていうブドウ酒の神様やなあ。

だから、「楽園追放」は、バッカスの神様がブドウ園から追い出されたあれと違うかなあ。アダムとイブは、ブドウ園でねえ、昼間っから、〝ええこと〟しておったんだ、きっと。

バッカス
ローマ神話に登場する豊饒とブドウ酒の神。ギリシャ神話に登場するディオニュソスに対応する。

武田　（苦笑）

ノア　だから、それで使用人に怒(おこ)られて、クビになったんや。追い出されたんだよ。

斉藤　蛇(へび)にそそのかされて食べた「知恵(ちえ)の木の実」というのは……。

ノア　ええ？　ブドウやねん、あれは。リンゴと違う。リンゴでもないしさあ、イチジクでもないし、あれはブドウなんや。

「原罪と楽園追放」
アダムとイブは、蛇にそそのかされ、神との約束を破り、知恵の木の実を取って食べた。神の言葉をおろそかにしたアダムとイブは、エデンの園を追放されることとなった。
（絵：ミケランジェロ作　システィーナ礼拝堂天井画「創世記」より）

「ノアが酔って裸になった話」が象徴しているものとは

磯野　今、ちょうど、ブドウ酒のお話が出ましたので、関連して、質問させていただきます。

「ノアの箱舟」のお話が終わって、アララト山に着いたあと、人類が再び、生活を始めますけれども、そのあたりで、ノア様がブドウ酒を、おそらく、たくさんお飲みになり、「酔っ払って、天幕のなかで裸になられた」というような記述が『旧約聖書』に遺っていますけれども……。

ノア　いやあ、それがねえ、ゼウスの世以降に変わったんや。わしがブドウ酒を飲んで裸になってるの

「ノアの泥酔」　ノアは洪水のあと、農夫となってブドウを栽培した。あるとき、そのブドウからつくった酒を飲んだところ、酔いがまわって裸で寝てしまう。その姿を見た息子のハムは、兄弟のセムとヤペテを呼ぶも、セムとヤペテは父の裸を見ずに着物で覆ったという。

が、ゼウスになったんだ。

磯野　これは、何かを象徴しているのでしょうか。

ノア　そらあ、「隠しどころは何もない」っていうか、もう、「神様に隠すものは何にもない」っていうことやな。

人間は、だから、アダムとイブのやつも、イチジクの葉っぱで隠すだとか、何だか、まあ、「ふんどしぐらい、着けろ」っていうんだよなあ、言ってみりゃあなあ。

原始的すぎるよ。「イチジクの葉っぱで隠す」っていうのは、いくら何でも原始人、猿並みだよな。やっぱり、「そんなもの着けずに、堂々としてろ」っていうか、ブドウ酒を飲んだら、もう、それはねえ、気持ちよくしとったら、いいんだよねえ。

だから、わしが、きっと、あれなんじゃないかなあ。ゼウス神話のもとは、わしと違うかなあ。

磯野　まあ、「少し、年代が違う」と思いますけれども。

ノア　そうかねえ、ゼウスなんて、わしよりずっと後輩（こうはい）だろう？　あれ。たぶん、そうだと思うなあ。

ノアが「アダムとイブ」を追放した理由

武田　ただ、ハムが裸を見てしまったために、ハムの息子（むすこ）のカナンは、ノア様から「呪（のろ）い」を受けてしまったと……。

ノア　そう。ハムさんねえ……。

武田　はい。これは、どんな意味があるのでしょうか。

ノア　もう、ハムになっちゃうの。肉は、ハムにされたんだ。

武田　（苦笑）この話は『旧約聖書』に遺っているんですね。これだけが遺っているのですけれども、これには、どのような意味があるのでしょう？

ノア　だから、ブドウ園の所有者は、別に昼間っから酒飲んで、昼寝しても、裸踊りしても、法律的に何にも問題はないんだ。

泥酔してハムに裸を見られたことを知ったノアは激怒し、ハムの息子のカナンを呪い、「カナンの子孫は、セムとヤペテの子孫の奴隷となる」と予言した。

しかし、雇われ人が、昼間っから酒飲んで、そういうねえ、〝ニャンニャン〟して駆け落ちしとったりしたら、そらあ、もう解雇されるわなあ。

わしは、〝元祖ブラック企業〟だからさあ、そういうやつは許さんのや。やっぱり、昼間っから酒飲んで遊んどるやつは、絶対、クビなんだよ。絶対、追放するわ。

「あの世」の
「霊」と
対話する!?

霊言　検索

文書　この用紙で本の注文が出来ます！

	冊
	冊
	冊
	冊

—

— —

入

引き

こチェック
い

郵便振込…振込手数料　窓口 130 円　ATM 80 円
コンビニ振込…振込手数料 65 円
代引き…代引手数料 320 円
送料…　税抜 1,400円以上は送料無料
　　　　税抜 1,400円未満は送料 300 円

付先 03-5573-7701

注文⇒ 幸福の科学出版ホームページ 幸福の科学出版 検索
http://www.irhpress.co.jp/

リーダイヤル 0120-73-7707 「カタログを見た」とお伝えください
(月～土 9：00 ～ 18：00)

お問い合わせも 0120-73-7707 までお気軽にどうぞ。

「霊言（れいげん）」ココがすごい！

1 この世を去った人たちが、今、何を考え、何を思っているのかがわかる

人は死んだら霊となり、あの世で生活をして、またこの世に生まれ変わってきます。ですから、既にこの世を去った方々も、あの世では立派に「生きている」のです。既に200冊以上出されている「霊言」を読めば、あの世にいる偉人達が今、何を考え、何を思っているのかがわかります。

2 この世で今生きている人の「本音」がわかる

普通、人が心の奥で考えている「本音」は、他人にはなかなかわかりません。しかし、生きている人の潜在意識である「守護霊」に直接アクセス（チャネリング）することで、タテマエではない「本音」を聞くことができます。「守護霊霊言」によって、今、話題のアノ人たちの「本心」が、明かされているのです。

3 これから起きる「未来」がわかる

偉人が偉人である理由の一つは、未来を見通すことのできる「先見力」ではないでしょうか。今、あの人が生きていたら何と言うだろうか？ まさしく、それが語られているのが「霊言」です。また今、現役で活躍している「あの国の指導者」は、次に何をしようとしているのか、などがわかるのが守護霊へのインタビューです。つまり、「霊言」を読めば「未来が見える」のです。

5 ノアとは、いったい何者だったのか

ノアが説く、「イエスとの関係」「神様のあり方」

斎藤　繰り返しになるのですけれども、ノア様の持たれていた信仰と、ノア様が教えられていた信仰というのは、いったい、どのようなものだったのでしょうか。

ノア　うん、だから、イエスの父はわしなんだよ。うん。わしなんだ。ずーっと、わしの、ずーっと末代の子孫がイエスだからさあ。

斎藤　イエス様に対して、何か、インスピレーションを送ったりされたのですか?

ノア　ああ? イエス? うーん。だから、イエスも、そりゃ、ちょっと屠ってやって、ハムにしてしもうたから、まあ、それはしょうがないわ。

斉藤　今、ちょっと、「屠られた」という……(苦笑)。

武田　それは、どういう意味でしょうか。

ノア　うん、やっぱりねえ、神は厳しくないといかんのよねえ。だから、ミッションを成功しなかったやつは、いちおう、処刑することになっとるからね、神様は。

武田　ほう。

斉藤　「『救世主が人間によって殺される』ということは、『旧約聖書』のころから、預言（よげん）があった」というようには、なっていますけれども……。

ノア　うーん。いやあ、それは、羊と一緒（いっしょ）ということやから、神様の〝食事〟ということだなあ。だから、神様は、その〝お芝居（しばい）〟を見て、楽しんでるんだよ。ブドウ酒を飲みながらねえ、お芝居を楽しんでて、「おお、やれやれ！　やって戦え！　おお、殺せ！　首斬（き）れ！　やってしまえ！」っていうように、お芝居を見てるのが、この地上の世界の出来事なんだよなあ。

武田　そのようなお言葉に忠実であったのが、ノアさんということなのでしょうか。そのとおり、戦ったり、危（あや）めたりしたと。

ノア　うーん。いやあ、イエスのころは、わし自身が、もう、神だったわな。わし自身が神なんじゃないか。

ノアは本当に「九百五十歳」まで生きたのか

武田　では、ノアさんの時代はどうだったのでしょうか。

ノア　うん？　悪いやつは、全部、〝整理〟されたわけだからさあ。それは残ってないことになってるわけだから、私一人になってるからなあ。だから、「千年近く地上で生きとった」っていうのは、これは、もう、「生ける神」そのものだよなあ。

武田　うーん。年齢についても、不思議なのですけれど、『旧約聖書』では、「六百歳ぐらいのときに洪水があった。そして、九百五十歳まで生きた」というようになっているのですが、これは本当なのでしょうか。

ノア　それは、普通、疑うだろう？

武田　疑いますね。

ノア　だけど、それを堂々と書けるということが、やっぱり、すごいことなんだよなあ、やっぱりなあ。

武田　まあ、モーセ以降の人が書いたのだと思うのですけれども、実際は……。

ノア　いや、そのくらい長生きしないとねえ、人類の数を増やせないんだよ。やっぱり頑張らないとねえ。

ノアの「当時の姿」を垣間見る

武田　ところで、ノア様は、人間の姿をして……。

ノア　わしは、やっぱり、神だと思ったほうがいいんじゃ。

武田　お姿は、どのようなお姿をされていたのですか？

ノア　うん？　お姿って、どういうこと？

武田　まず、現代の私どものような人間の姿をされていたのでしょうか。

ノア　うーん、ちょっと違うような気もするなあ。

武田　違いますか。特徴的なのは、どのような部分でしょう？

ノア　うーん、もうちょっと毛深かったような気は……。

武田　ああ。

磯野　毛は何色（なにいろ）でいらっしゃいますでしょうか。

ノア　うーん、まあ、自然色（しょく）だなあ。毛が生（は）えてるものの自然色に近い感じかなあ。

武田　黒ですか？

ノア　いや、黒ではないような気がするなあ。

磯野　茶色系？

ノア　うん。そちらが普通だよな。自然ではなあ。

武田　では、洋服は要らなかったぐらいの毛深さですか。

ノア　きわどい言い方をするが、まあ、それは、寒いときは着てもいいんだけどね、毛皮はね。

武田　毛皮を着るのですか?

ノア　「毛皮に毛皮を着る」っていう、まあ、ゴージャスだなあ。

武田　（笑）（会場笑）

郵便はがき

料金受取人払郵便

赤坂局承認

6467

差出有効期間
平成28年5月
5日まで
(切手不要)

1 0 7 - 8 7 9 0

112

東京都港区赤坂2丁目10－14
幸福の科学出版(株)
愛読者アンケート係 行

フリガナ お名前	男・女	歳
ご住所 〒 都道府県		
お電話( ) －		
e-mail アドレス		

ご職業	①会社員 ②会社役員 ③経営者 ④公務員 ⑤教員・研究者 ⑥自営業 ⑦主婦 ⑧学生 ⑨パート・アルバイト ⑩他( )

ご記入いただきました個人情報については、同意なく他の目的で使用することはございません。ご協力ありがとうございました。

愛読者プレゼント☆アンケート

『「ノアの箱舟伝説」は本当か』のご購読ありがとうございました。今後の参考とさせていただきますので、下記の質問にお答えください。抽選で幸福の科学出版の書籍・雑誌をプレゼント致します。（発表は発送をもってかえさせていただきます）

1 本書をお読みになったご感想

（なお、ご感想を匿名にて広告等に掲載させていただくことがございます）

2 本書をお求めの理由は何ですか。

①書名にひかれて　②表紙デザインが気に入った　③内容に興味を持った

3 本書をどのようにお知りになりましたか。

①新聞広告を見て［新聞名：　　　　　］
②書店で見て　③人に勧められて　④月刊「ザ・リバティ」
⑤月刊「アー・ユー・ハッピー？」　⑥幸福の科学の小冊子
⑦ラジオ番組「天使のモーニングコール」　⑧幸福の科学出版のホームページ
⑨その他（　　　　　）

4 本書をどちらで購入されましたか。

①書店　②インターネット（サイト名　　　　　）
③その他（　　　　　）

5 今後、弊社発行のメールマガジンをお送りしてもよろしいですか。

はい（e-mailアドレス　　　　　）・いいえ

6 今後、読者モニターとして、お電話等でご意見をお伺いしてもよろしいですか。（謝礼として、図書カード等をお送り致します）

はい・いいえ

弊社より新刊情報、DMを送らせていただきます。新刊情報、DMを希望されない方は右記にチェックをお願いします。　□DMを希望しない

ノア　まあ、自分の毛皮でもいけるんだけど、多少はないわけではないわねえ。
いや、そりゃあねえ、世界には、ほかにも民族はいたんだとは思うが、神様が最高に愛された、神様のスポットライトが当たったときなんだよなあ。だから、救世主なるものは、だいたい、わしからできたわけよ、だいたいはねえ。

武田　ちなみに、尻尾（しっぽ）は生えていますか？

ノア　尻尾とな……。尻尾、うーん、尻尾ねえ。尻尾があったら、なんか、具合が悪いことが……。

武田　いえ、いえ、いえ。単純に訊（き）いております。

ノア　うーん。尻尾、尻尾、尻尾……。それは、なんか、神を試そうとしてるんではないか？

武田　いやいや、そのようなことは、ないのですけれども……。

ノア　うーん。

斉藤　神様の姿形を表したいので、ぜひ教えていただけますでしょうか。

ノア　うーん。まあ、尻尾はちょっとあったかもしらんなあ。

武田　なるほど。それで、毛は、やっぱり、頭のてっぺんから足の先まで、全部を覆っている感じですね？

ノア　まあ、それは、しょうがないだろうなあ。

武田　しょうがないですね。

ノア　今の人類の始祖（しそ）だからね、まあ、言えばねえ。

武田　うーん。

6　大洪水は「アトランティス」に関係がある？

「ノアの舟」は大海原に浮かぶ「箱」のようなものだった

武田　当時、そこは暑い……。

ノア　まあ、アララト山の上は、そんなに暑くないよ。

武田　あっ、アララト山に舟が到着したのは、本当なのですか？

ノア　ああ、本当ですよ。だから、最近っていうか、何十年か前だって、調査隊が山を登ったやん。

古くから続く「ノアの箱舟」の発見報告

アララト山では、古くから箱舟の発見報告がなされており、紀元1世紀にはユダヤ人歴史家ヨセフスが『ユダヤ古代誌』のなかで、その残骸を見た旨を記している。

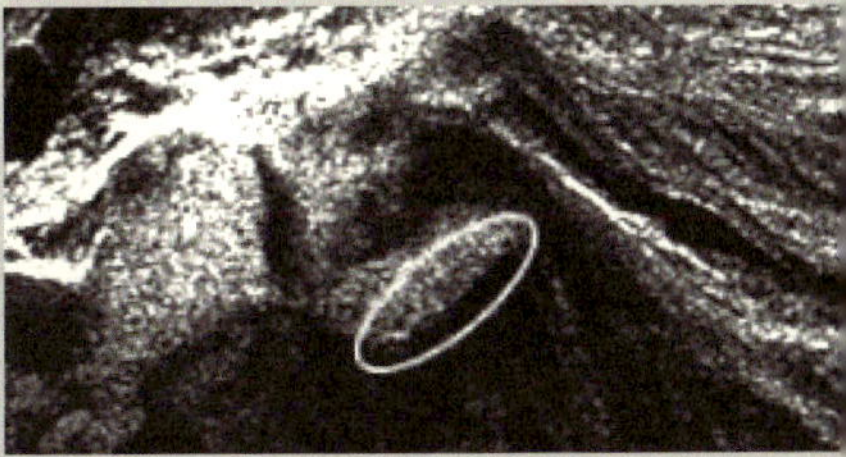

2006年に「ノアの箱舟」ではないかと公開された写真。2003年に人工衛星から撮影されたもので、アララト山北西部斜面のアホラ・ゴルジェと呼ばれる海抜4700メートル地点だという。

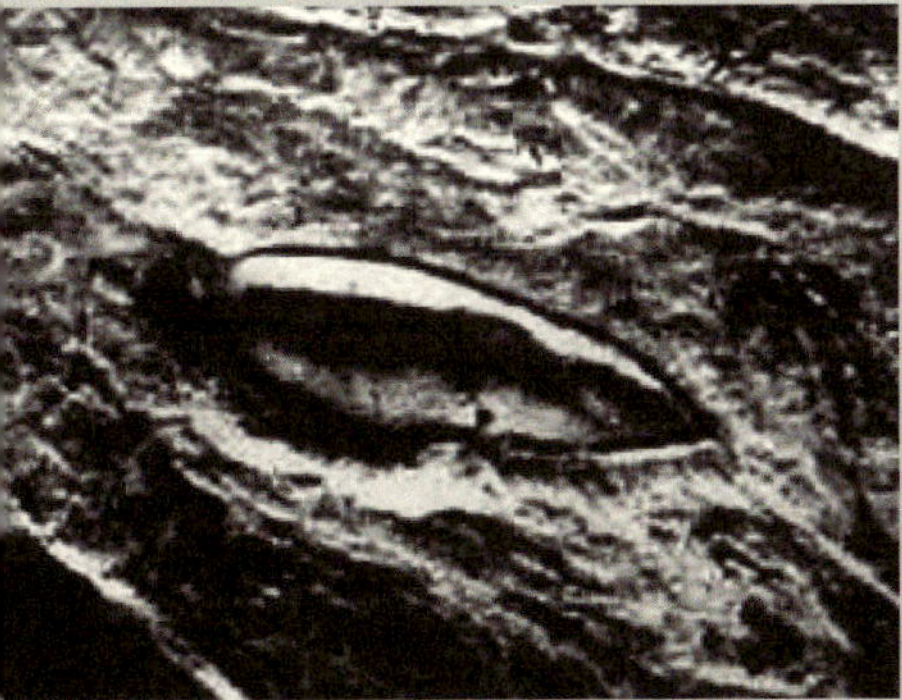

地震によって出現した「箱舟地形」。空撮されたもの（左）と、地上から撮られた全景（右）。ノアの箱舟の実在の可能性が検討されている。調査隊によれば、舟の構造物として、柱、リベット、錨などが確認されているという。（Wyatt Archaeological Research）

武田　行きました。はい。

ノア　山賊（さんぞく）に襲（おそ）われて殺されてるんだけど、舟のあとを探しに行ったはずだから、遺（のこ）ってるはず。

武田　では、イラク、サウジアラビア辺りから、トルコの国境付近ですけれども、アララト山まで舟が流されていったというのは、本当の話なのですね？

ノア　うん。大海原（おおうなばら）やったから、そら、分からんけど……。

武田　あっ、もともと大海原だったわけですか。

ノア　なんか、別に、スクリューもなければ、櫂（かい）もないんで、浮（う）いとるだけの舟だったから、漂（ただよ）うだけやったけどね。まあ、箱だよ。だから、アーク（Ark／櫃（ひつ））なんだよね。「ノアの箱舟」っていうから、棺（ひつぎ）といやあ棺で、まあ、箱よ。それが浮いとった。水にとにかく浮くことが大事であったのでなあ。

大洪水による水位の上昇（じょうしょう）を物語る「鳩（はと）を飛ばした記述」

武田　洪水の際は、「見渡（みわた）すかぎり海原で、すべてが水没した」というような表現が多いのですけれども、実際はどうだったのですか？

ノア　それは、そうでしょう。だから、やっぱり、「白い鳩（はと）を飛ばす」なんていう、ああいうところに、真実が遺ってるわけよなあ。

武田　あれは、本当に……。

ノア　「鳩を飛ばして、陸地に下りられるかどうかを見る」っていうことは、「見渡すかぎり、見えない」っていうことでしょう？

武田　うーん。

ノア　だから、そうとうなもんだわなあ。

武田　ものすごい水位上昇、海面上昇があったということですか。

ノア　いや、そんなの、君ねえ、この地球の歴史では、

箱舟がアララト山の上に留まったあと、ノアは陸地を探して鳩を放すが戻ってきた。7日後に、再び鳩を放すと今度はオリーブの枝をくわえて戻ってきた。さらに7日たって鳩を放すと、もう戻ってはこなかった。ノアは水が引いたことを知り、家族と動物たちと共に箱舟を出たという。

もう、上がったり下がったりは、ものすごくあるんだからさあ。海の底に沈んだり、上に出たり、これは、もう、けっこうあるんだって。

武田　うーん、なるほど。

ノアに洪水が来るのを教えたのは「アトランティス」の神様？

ノア　だからねえ、神様っていうのは教育者なんだと思う、基本的にはね。教育者だからねえ、合格点を取らなかったら、やっぱり落第なんだよ。うん、落第をさせるんじゃないかなあ。

武田　その神様は、洪水が来ることを、ノア様には教えてくださったのですか？

ノア　うん、教えたなあ。わしのときの神様が〝アブラハム〟やったかどうかは分からんが、なんか、もうちょっと古い人だったような気がするなあ。

武田　名前は分からないですか。

ノア　うーん、わしは、意外に「アトランティス」と関係を感じるんだがなあ。

武田　それは、ノア様が感じるのですか？　その神様が、「アトランティス」と関係があるということですか？

ノア　うーん。なんか、あの辺の神様なんじゃないのかなあ。

ノアは「古代シュメールの神」と関係していたのか

武田　一説には、「エア」という……（注。エア、別名エンキは、古代シュメールの大気の神。エンリルが起こした大洪水から人類を救ったとされる。『神々が語るレムリアの真実』（幸福の科学出版刊）参照）。

ノア　まあ、あの辺の地方の話はたくさんあるんですけどねえ。それはあるけど、あのあたりは、真実性はそんなにないかもしれないねえ。

武田　あるいは、「エンキ」という名前もあるのですけれども……。

ノア　ああ、まあ、そういう劣（おと）った民族のあれは、あんまり……。

武田　劣った民族ですか？

ノア　うん。あまりにも紛（まぎ）れ込（こ）んどるからさ、話がいろいろと。

武田　その方々も神様だと思うのですけれども、そのように表現されて大丈夫なのですか。

ノア　「部族神」でしょう？　それ。

武田　部族神？

ノア　うーん。私みたいな〝地球の救世主〟と一緒にされたら困るなあ。

武田　うーん。アヌ様は？（注。アヌは、地球神エル・カンターレの分身であり、古代シュメール

『神々が語る　レムリアの真実』
（幸福の科学出版）

の天空神。エンキとエンリルの父とされる。前掲『神々が語る レムリアの真実』参照）

ノア　アヌなあ。そんな名前も、ちょっと聞いたことはあるような気がするな。でも、なんか、「わしより先で、わしより偉い」っていう感じは、そんなにしないなあ、そういう人は。

武田　本当ですか？

ノア　うーん。（ノアの洪水のほうが）もっと古いんじゃないかなあ。

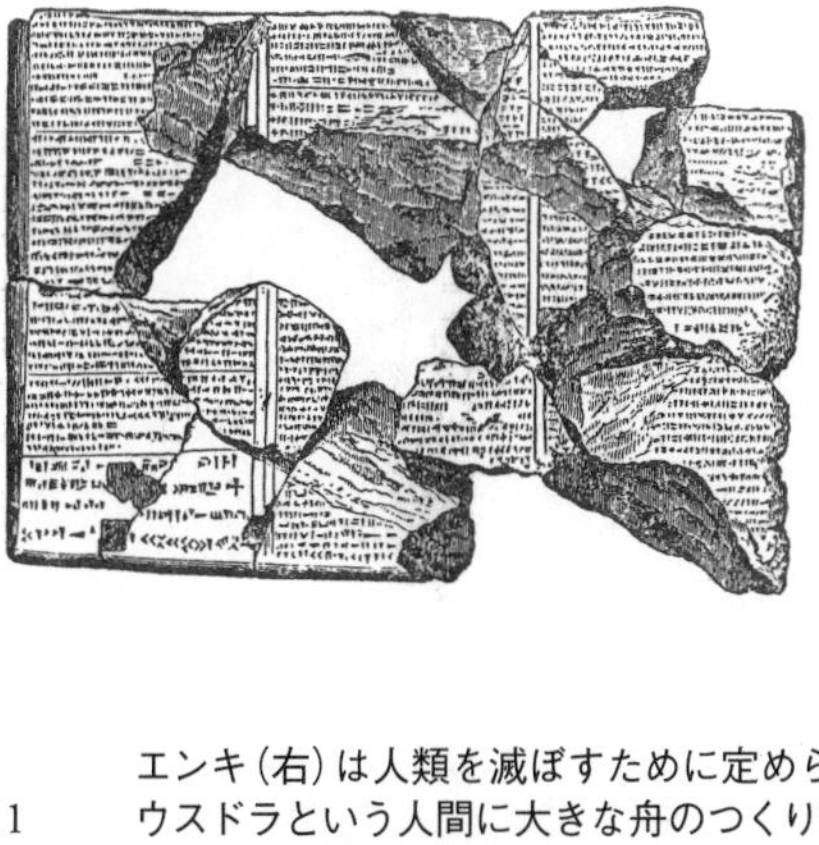

エンキ（右）は人類を滅ぼすために定められた大洪水を生き延びるよう、ジウスドラという人間に大きな舟のつくり方を教えたという（左は、シュメール神話が刻まれた粘土板）。

武田　「もっと古い」という意味ですね。

ノア　うーん。

「ノアの箱舟伝説」と「アトランティス大陸沈没」に関係性はあるか

磯野　アトランティス大陸が陥没するときは、いらっしゃいましたか。

ノア　ああ、それで大洪水が起きたんやろうか。
そうかもしらんなあ。それで大洪水は起きたんかいな。あれが沈んだよねえ。だから、水かさが増えたのか、大地が沈んだか。うーん……、どっちやろなあ。
そのときに大津波は起きてるね、確かに。大津波は起きて、アトランティスが沈むときは、海の水がすごい大津波を起こしてはいるな、確かになあ。それはそうだ。

磯野　そのアトランティス大陸の陥没と、ノア様の時代の大洪水とは時期的に同じなのでしょうか。それとも違うのでしょうか。

ノア　よく分からんけど、君たちが考えてるのとだいぶ違う気がするんだよな。だから、わしの大洪水のころよりあとにエジプト文明のピラミッドが出来たように思うから、年数がだいぶ違うような気がするんだがなあ。

斉藤　エジプト文明も、アトランティスから避難してきて、そのあと興隆していると思うんですけれども（『太陽の法』〔幸福の科学出版刊〕参照）。

ノア　まあ、そうだ。

斉藤　どうしてノア様は、「アトランティスが沈没したときに洪水が起こった」ということと、「ご自分の時代に洪水が起こった」ということをリンクしてご存じなんでしょうか。

ノア　うーん。アトランティスでは飛行船で逃げたという説もあるから、飛行船と箱舟だとちょっと分が悪いなあ。若干、分が悪い気がするなあ。

斉藤　そうですね。

ただ、一万年か一万数千年前ですと、ちょうど合ってくるかと思うんですが。

アトランティス文明の最期（大川隆法製作総指揮 映画「太陽の法」〈2000年公開〉より）。約1万400年前、「トスの教えに戻れ」と訴えたアガシャーを信奉する者が増える一方で、科学万能信仰に陥った一部の人々はクーデターを起こし、アガシャー一族数百人を捕らえて広場に生き埋めにするという暴挙に出た。そして、わずか一昼夜にしてアトランティス全土が海底に沈み、文明は滅亡した。

ノア　まあ、そうすると……。ああ、そうか。アトランティスから逃げた人は、いろいろなところに移動したわなあ。

だから、わしらの「選ばれし民（たみ）」は一部、生き延びたから、それが一部、人々を派遣（はけん）して、新しい民族が世界にまたできていったんかな。

うーん、どうも話が合わん……。

斉藤　そうですねえ。

ノア　なんで合わんのだろう。

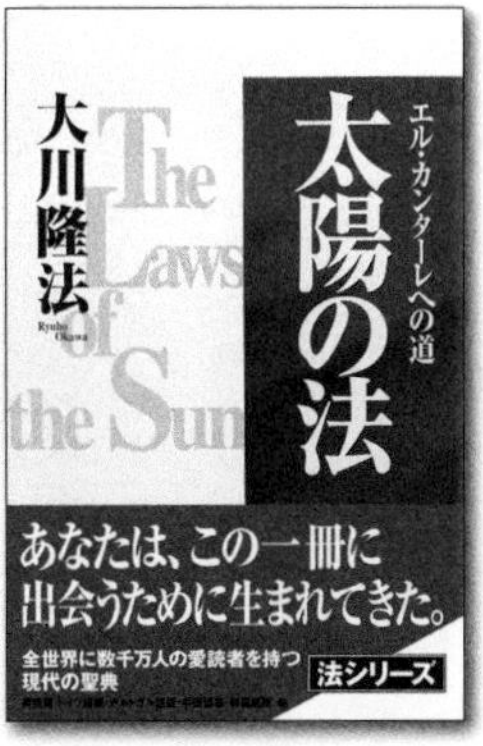

『太陽の法』（幸福の科学出版）
アトランティス大陸の沈没の際、一部の人々が飛行船によって、アフリカ、スペイン、南米のアンデスの方面へと逃れ、それぞれの地で、新しい文明の種をまいていったことが記されている。

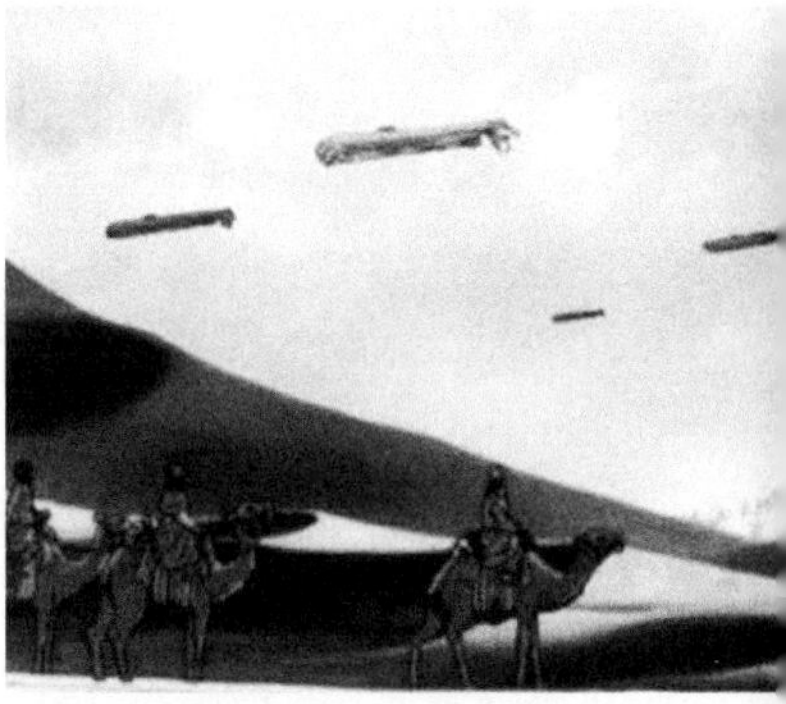

しかし、アガシャーの長男・アモン２世は飛行船でエジプトへ逃れ、アトランティスの科学知識やピラミッドパワー、太陽信仰を伝え、アモン・ラー伝説の起源となった。

「宇宙船」の関与に否定的なノア

斉藤　繰り返しになりますが、ノア様は最初、どこで舟をつくられたか分かりますでしょうか。

ノア　うーん。木がたくさん生えとったような気がするからなあ。

磯野　かなり暖かい地帯？

ノア　なんか、脂分が豊富な木があったような気がするなあ。舟が沈まないようにね。

武田　うん、うん。そうですね。

ノア　脂分が多かった木だった気がするなあ。

磯野　現代からしても大きな舟なんですけれども、その舟の建造法というのは、どなたかが教えてくださったのでしょうか。

ノア　まあ、「宇宙船に救われた」って言ったら、かっこ悪いでしょ？　やっぱりつくったことにしないと、それはいかんからさあ。

武田　えっ!?　「宇宙船だった」ということですか。

磯野　宇宙船？

ノア　だったら、やっぱり何も功績がないことになるよなあ。

磯野　でも、実際のところは、宇宙船に救われたんでしょうか。

ノア　いや、私はそういう〝ＳＦ〟には入らないんだよ。

武田　（笑）なぜ入らないんですか。

ノア　やっぱり〝樵（きこり）〟は樵で頑張（がんば）らないといかんからなあ。

斉藤　仮説として、木の箱はつくられたとしても、「それを宇宙船に引き上げていただいた」とかでしたら可能なんですけれども。

ノア　それは、文明的にあまりにも情けない〝落差〟を感じるなあ。

箱舟の大きさは神様に指定された

武田　では、樵として一本一本、木を切り落として、枝を切り落として、一生懸命つくったんですか。

ノア　いや、ギリシャとあの辺のペルシャが戦ったころの船でも、もっとずっと小さいからねえ。

武田　そうですよね。

ノア　そんな大きな船はなかったからねえ。

だから、異常な〝あれ〟ではあるし、神様が「設計図」までくださったというのは、ちょっと不思議ですよねえ。

武田　「設計図」を神様がくださったということは、本当なんですか?

ノア　大きさは指定してきたねえ。

武田　指定してきたんですか。

ノア　うーん。

武田　かなり大きいですよね。

ノア　そうだねえ。

武田　幅二十メートル、長さ百五十メートル、高さが四階建ての建物ぐらいという……。

ノア　うーん。

武田　これは本当ですか？　このサイズは。

ノア　うん。こういう具体的なものは、いちおう信じたほうがいいんじゃないかなあ。

ノアの箱舟の復元予想（箱型の場合）

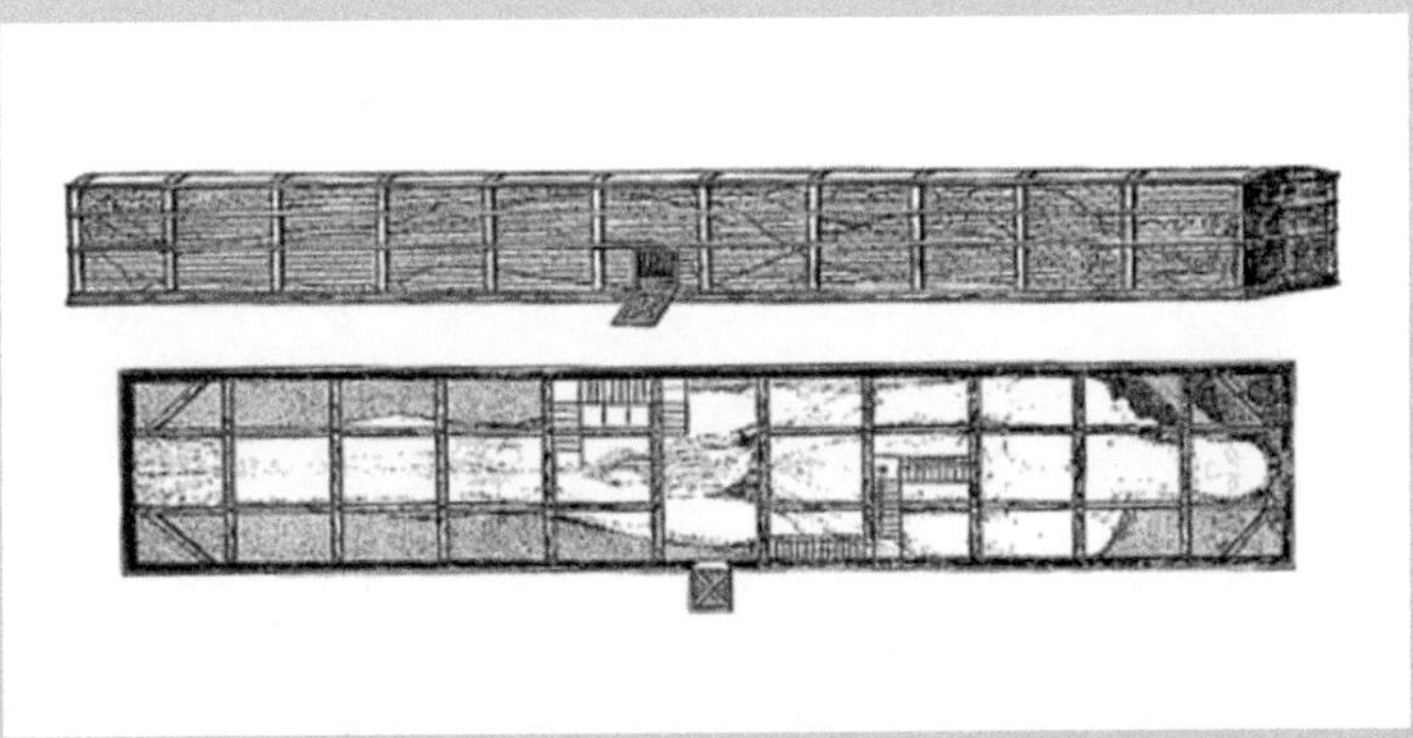

箱舟のつくり方は、神から具体的に示されており、長さ300キュビト、幅50キュビト、高さ30キュビトで、3つのデッキを持っていた。キュビトは長さの単位であり、通常キュビトの約45cm、神聖キュビトの約52cmが知られる。

武田　なるほど。

ノア　だって、もし、それを小さくして長さ十五メートル、幅二メートル、高さ一メートルの舟といったら、それは……。

武田　（笑）もう、お風呂になってしまいますね。

ノア　うん。ちょっと長めの舟っていうくらい。

武田　そうですね。

ノア　川下りができるくらいの舟になるわなあ。

7　古代の人類は多様な姿をしていた？

箱舟の建造にはノアの家族以外に手伝った者がいる

武田　ただ、それだけ大きい舟を家族でつくれるものでしょうか。

ノア　やっぱり、「手伝った者はいる」ということだろうね。

武田　どういった人たちが手伝ってくれたんでしょう？

ノア　うーん。まだ、当時は人間になってないような者もいた気がするんだなあ。ちょっと、類人猿（るいじんえん）のようなものがいた気がする。

磯野　例えば、幸福の科学の霊査では、過去に宇宙人だった方々は現代の人類のような姿形ではなくて、動物に近い姿形をとっていたというような説もありますけれども（『宇宙人リーディング』『宇宙からの使者』『レプタリアンの逆襲Ⅰ』『レプタリアンの逆襲Ⅱ』〔いずれも幸福の科学出版刊〕等参照）。

ノア　たぶん、この大洪水で「動物型の人類」は消えたんじゃないかなあ。そういうのを滅ぼして本当の動物だけは助けた。

武田　ほう。では、手伝った方々はみんな死んでしまったんですか。

ノア　うーん？　いや、それはまずいか。

『宇宙人リーディング』

武田　まずいと思いますね。

ノア　それは、まずいんかなあ。うーん……、長生きしたんでちょっと〝ボケた〟かな。もう分からん……。

武田　（笑）

ノア　うーん……。

「ノアの身長」に関する意外な真実

武田　ちょっと失礼かもしれませんが、その類人

『レプタリアンの逆襲II』

『レプタリアンの逆襲I』

『宇宙からの使者』

（いずれも幸福の科学出版）

猿の方とあなた様は違うんですか。

ノア　ええ？　類人猿と私が違うかって？

武田　はい。

ノア　なんか、よく分からんこと訊くなあ。

武田　イメージしているお姿は似ているような気がするんですけど。

ノア　うーん……。

武田　違うんでしょうか。

ノア　類人猿とキングコングは別でしょう？

武田　ああ、あなた様はキングコングということですか。

ノア　というか、〝キング（王）〟だよな。

武田　キング？

ノア　うん。

武田　では、大きさが違うということですね？

ノア　うん。

武田　大きいんですか。

ノア　大きいから、舟が大きいんだよ。

武田　あっ！　あなた様のサイズに合わせると、あのような大きな舟になると？

ノア　うーん。

武田　そうなんですか。ほう……。

斉藤　身長はいったい何メートルぐらいあられたんでしょうか。

ノア　うーん……。まあ、分からんけど、ここの天井よりは大きいような気がするな。

斉藤　ご家族の方はみなさん、それくらい大きかった？

ノア　まあ、いろいろやなあ。

武田　いろいろ（笑）。

ノア　うーん。

宇宙人リーディングにより、宇宙人のなかには、高度な知性を持った「キングコング型（帝王型）」という形態の種族がいることが判明している（『レプタリアンの逆襲Ⅰ』〔幸福の科学出版〕より）。

武田　サイズが違うんですか。

ノア　うーん。

新時代に合わせて「人類の改造」が行われた

斉藤　例えば、セムとハムという兄弟間でも肉体の姿は、違ったりするんですか。

ノア　うーん、違うんじゃないかなあ。

武田　なぜ違うんでしょう?

ノア　知らん。

武田　お母さんが違うからですかね？

ノア　うーん……。何だか知らないけどねえ、ちょうどそのころ、〝品種改良〟じゃないけど「人類の改造」をやってたんだよ。

武田　ほう。

ノア　新しい時代に合う人類型に変化させようとしてたみたいだったんでなあ。ちょっとそのへんがよく分からないんだよ。

シュメール語文献を解読したゼカリア・シッチン（写真）によると、古代の地球では、シュメール神話でアヌンナキと呼ばれている宇宙人によって人類の創造がなされたという。それは、地球外生命体と地球のホモ・エレクトス（直立原人）の遺伝子を操作することで新種を生み出す一種の改造でもあった。

武田　それは、ノアさんがされていたんですか。

ノア　いやあ、神様のような気もするし、神様を手伝ってた人がいたんかなあ。

武田　うん。

ノア　なんか知らんけど、もうちょっとエネルギー効率のいい姿に変えようとしてたみたいな感じやなあ。

斉藤　では、古代の方はもっと大きかったとか、そういうことはありますか。

ノア　「大きい人」も「小さい人」もいたけどねえ。

武田　うーん。

ノア　いたけど、小さすぎるやつは食べられるし、大きすぎる人は餌が要りすぎるしなあ。

だから、その大きさで生き延びたのは、私一人だったということかな。

武田　ノアさんのようなキングコング型の生き物を〝品種改良〟して、小さくしたり、エネルギー効率をよくしたということですか。

ノア　よく分からんけど……。

うーん、当時はよく分かってなかったんだけど、今は精子とか卵子とかいろいろ言うんでしょ？

武田　はい、はい。

ノア　それを結合させれば子供ができるんだろう？　だから、神様はそういうものをつくる〝品種改良〟の技術を持っておられたんだなあ。

武田　これは地上の神様？

ノア　それは分からん。

武田　宇宙人ですか。

ノア　分からないけど、そうかもしらん。

神様に会ったことはあるが、記憶を消されて姿が思い出せない

武田　その神様の姿は同じですか。

ノア　うん？

武田　その神様のお姿は知っていますよね？　どんなお姿なんですか。同じような、キングコング？

ノア　いやあ、神様には会ったことはあるんだけどね。会ったあと記憶がなくなるのよ（会場笑）。

磯野　記憶を消されたんですね？

ノア　うん。忘れるんだ。思い出せないようになってるのよ。

武田　会ったことぐらいしか覚えていないんですか。

ノア　うん、そう。神に呼ばれて行ったのは覚えてるんだけど、そのあと記憶が消えてるのよねえ。

磯野　どちらに行かれたんでしょうか。

ノア　分からないけど、ちょっと呼ばれて行くと……。

武田　呼ばれて？

ノア　モーセなんかもそうなんじゃないの？　山へ行って、登って。やっぱりあれはどっか呼ばれたんと違うかな？

武田　四十日間ぐらい、シナイ山に登っていたらしいですね。

ノア　うん。呼ばれたんじゃないかなあ、あれはきっと。

そのあとに、記憶がなくなるんだよ。戻ってきたときには。だから、気がついたら、「ほら、神様からこんなのもらっとった」みたい

モーセは、40日もの間、シナイ山に籠もり、神から詳細な教えを受けたのち、掟を記した２枚の石板（モーセの十戒）を授かった。（映画「十戒」より）

な感じ……。

武田　なるほど。

ノアの子孫も神様に増やしてもらった?

ノア　なんか、私の子孫もいっぱい増やしてもらったようには思うんだよな。人工的にはちょっと無理があったから、増やしてもらったような気がする。

武田　はあ。

ノア　地球の今の「一万年」史に生きやすいように、つくり変えていったような感じがちょっとするんだよなあ。

斉藤　では、普通(ふつう)に「産めよ、増やせよ」というかたちで増えていったのではなく、ハッと気づいたら増えていたっていう感じなんですか。

ノア　まあ、とにかく、神様は夢のなかみたいなところで何かされていて、適正サイズの何か、いろいろ合わせてたような感じがするんですけど。いちおう、「おまえの子孫だ」とみんながおっしゃるから、「そうかな」とは思ってはいるんですけどねえ。

8　ノアが九百五十歳まで生きた秘密とは

ノアとその家族は何を食べて生活していたのか

磯野　当時、ノア様やご家族のみなさまは、何を召し上がっていましたでしょうか。

ノア　うーん、何を食べていたか……。

磯野　動物の肉などは召し上がっていたのでしょうか。あるいは、木の実とか、果物、野菜など、動物以外のものだったのでしょうか。

ノア　バナナを食べてたような気もするな。

磯野　（笑）

ノア　木の実……、果物は食べていたな。でも、それだけでは生きていけないから……。

なんか、パンの元のようなものは、もうあったような気はするけどねえ。

武田　ありましたか？

ノア　あったような気はするなあ。今のようにイースト菌で膨らますところまではいかなかったが、パンの元のようなものはもうあったような気はしたなあ。なんか、こう焼くやつね。小麦粉か何かあんなようなものがあったから、穀物はつくっていたと思うなあ。

武田　ビールなどがあったんじゃないですか？

ノア　ビール⁉

武田　ビールや発泡酒（はっぽうしゅ）みたいな……。

ノア　（舌打ち）わしはワイン党だと言っとるんだよ、もう。

武田　ワイン党……。ああ、ブドウですからね。

ノア　うーん。ビールを入れたやつは、ちょっと〝悪いやつ〟だから。

武田　悪いやつなんですか（笑）。

ノア　うん。〝悪魔〟の筋だから。

武田　悪魔の筋？

ノア　うん。あれは怠け者をつくるからね。

武田　ああ。よくご存じなんですね。

ノア　ワイン党は頭がよくなる。

武田　ほお。

ノア　ビール党は頭が悪くなるんだ。

武田　これには明確な善悪があるようです。その根拠(こんきょ)は怠け者の人々と勤勉な人々がいたということでしょうか。

ノア　うーん……。ビールを飲んで頭がよくなった人はいないんだよな。

武田　両方、アルコールですけれども。

ノア　ワインは頭がよくなる。

武田　ポリフェノールが入ってるとか、そういうことですか。

ノア　うん。そういうこと。そうなんだ。

武田　いや、それは信じている神様が違うのではないかと思うんですけれども。

ノア　だからねえ、確かにビールも一部はあったけど、ウラル山脈の向こう側のほうの人が、ビールをつくって飲んどったような気がするなあ。

武田　そちらと文化・文明が違うわけですね、ウラル山脈を挟んで。

ノア　うーん。全部はよく分からんのだけどねえ。

大洪水が起きたのは、「神の好まない文明」がはびこったため

武田　その人たちは、洪水のときにどうなってしまったのでしょう？

ノア　ええ？　水のなかを泳いでたのと違うかな。

武田　（笑）泳いでた？　つまり、生き残ったということですね。

ノア　まあ、そういうのもいただろうなあ。

武田　水が引いたあとに出会いました？　生きていることを確認できたということですね。

ノア　うん。だから、それから陸地に上がってくるようになったんと違うのかなあ。

武田　ああ、では水中でも……。

ノア　うん、両生類みたいな。

武田　両生類。

ノア　海でも陸でも両方で生きられるやつもいたんだよ（注。アトランティスの時代から古代シュメール文明の時代に、両生類型の宇宙人がいたとされる。『アトランティス文明の真相』、『レプタリアンの逆襲（ぎゃくしゅう）Ⅰ』第3章、『レプタリアンの逆襲Ⅱ』第2章〔いずれも幸福の科学出版刊〕参照）。

斉藤　「そういう宇宙から来られた方に対して、エンリルという神様が怒って洪水を起こした」と語っている方もいらっしゃるんですけれども（前掲『レプタリアンの逆襲Ⅰ』第3章参照）。

ノア　ああ、「エンリルが起こした」っていう説もあるんやなあ。そういう説もある。

　いやあ、でも、あれは何だったんだろうねえ。ただ、大雨が続いたことは確かだ。

両生類的で、水陸両用だという宇宙人の創造図（『レプタリアンの逆襲Ⅰ』〔幸福の科学出版〕より）。

ビールの発酵技術を教えたという宇宙人の想像図（『レプタリアンの逆襲Ⅱ』〔幸福の科学出版〕より）。

シュメール神話によると、海から来た「オアンネス」と呼ばれる半魚半人の生物が、農業や建築、文字、法律、数学などを教えたとされる。

武田　はい。

ノア　大雨が続いたが……。でも、やっぱり何か滅ぼしたかったんだと思うんだよね、感じとしてはね。

　きっと、君らはあんまりよく分からないんだろうけど、神様が好まない文明がはびこっていたんでないかと思うんだよな。純粋な信仰を持ってたのは私だけだったんじゃないかなあ。だから〝初代救世主〟なんだよ。

武田　うーん。

「天の底が裂けたかのように水が降ってきた」

磯野　神様は、その「神様の心に適わないもの」を滅ぼすために洪水を起こされたわけですけれども、洪水自体がどのように起きたのかはご存じでしょうか。

ノア　なんかねえ、〝天の底が裂けた〟みたいな感じやったかなあ。

磯野　空から水が落ちてきた……。

ノア　パシャーッと、裂けたみたいに降ってたような感じが……。

武田　『聖書』には「大地の下からも噴き出してきた」という記述もあるんですけど。

ノア　そういう考えもあることはあるけども、そうやねえ……。

武田　今、台風が日本を直撃しようとしているんですけど（収録当時）、台風による洪水と考えられますか。

ノア　うーん……。

武田　それとも、われわれが知らないような、いわゆる天変地異だったんでしょうか。

ノア　うーん。とにかく、気候はだいぶ変わったんだよねえ。だから、今の砂漠(さばく)地帯になっているところはだいぶ違ったんだ。

ただ、君たちと話してると、なんか〝ズレ〟があるんだよなあ。

武田　はい。

ノア　少しズレがあるので、もうひとつ分からないんだけどねえ。

磯野　もしかしたら、今の地軸と違うものだったのではないでしょうか。つまり、ポールシフト（地軸の移動）というものが起きて、地殻が大きく変動したり、あるいは、洪水が起きて、あるところが沈み、あるところが浮かび上がってきたり、そうしたことがあったのではないでしょうか。

ノア　うーん……。そのへんになると難しいなあ。でも、空からも降ってるのは間違いない。大地から噴いたっていうのは、うーん……。私は記憶がねえ、ときどき消えてるのよ。

磯野　消えてる？

ノア　部分的に消えてるからねえ。

磯野　ほお。

ノア　全部分からないとこがあるんだよ。

武田　消されてるんですか。

ノア　分からない。
『聖書（せいしょ）』にあるノアの寿命（じゅみょう）の真実性と、人の寿命が短くなった理由

ノア　だけど、寿命（じゅみょう）は九百五十歳まであったからねえ。

武田　九百五十歳というのは本当なんですか。

ノア　ええ？　そうなんじゃないの。

武田　例えば、地球外に連れていかれて、帰ってきたらそのくらいの年数がたっていたということですか。

ノア　うーん。まあ、それについてはよく分からないけど。そう言われるから、そうなんではないかと思うんだけどなあ。

武田　『聖書（せいしょ）』では、ノア様のこの出来事と前後して、人の寿命が一気に百二十歳ぐらいまで短くなるんですけれども、これは何か意味があるのでしょうか。

ノア　たぶん、それは「食料」と「気候」の関係があるし、大型の生き物は間違いなく減っていっているので、今の時代に生きているのは数少なくなってるよねえ。

武田　うーん。

ノア　だから、もっと大きいものも確かにいた。間違いなくいたのでねえ。でも、このへんまでは私もよく分からん。ちょっと、ワインの飲みすぎかもしれない。

武田　（笑）

ノア　ちょっと、もうひとつ分からない。全部は分からないんだ……。

9　ノアの時代に「恐竜」がいた？

大洪水が世界にもたらした影響

武田　ノアさんは、大きい生物として生きていたわけですね？

ノア　いやあ、もっと大きいものがいたよ。

武田　そうですか。

ノア　もっと大きいものもいて、箱舟にも乗れんぐらい大きいものもおったからね。

武田　うーん。なるほど。

ノア　うん。

武田　また、聖書によれば、洪水後に、肉食をしてもよいと神が言われたことに……。

ノア　哺乳類系はだいぶ乗せたんだけど、爬虫類系の大きいやつは乗せられなかったから。

武田　乗せられなかったんですか。

ノア　ああ。滅びたのと違うかなあ。

武田　滅びた？

ノア　君らは、「何千万年も前に恐竜がいた」みたいに言ってるけど、わしらの時代にはまだいたのよ。

武田　つまり、この大洪水でいなくなったんですか。そういうことでしょうか。

ノア　いや、まだ残ってはいたと思うけど、食料でけっこう厳しい問題が起きたのは事実だよな。

武田　はい。

ノア　だから、農業をしなければいけなくなってきて、農業しながら食べていける人たちということになったので。恐竜のようなものは、ちょっと食料的には厳しくなったんじゃないかねえ。

武田　なるほど。

ドラゴンもいたが、箱舟には温和な動物を乗せた

ノア　いたことはいて、一部は残ってた。ドラゴンの〝あれ〟（伝説）が世界にあるでしょう？　あれは何億年とか何千万年も前の話なら遺（のこ）ってないと思うんで、やはり人類と一緒（いっしょ）にいたはずなんだよな。

武田　ノア様の時代にはいたんでしょうか。

ノア　うん、いたよ。いたと思うよ。

武田　いましたか。

ノア　でも、箱舟には入れてやらなかった。

武田　あっ、そうですか。それは、あまり仲がよくなかったからですか。

ノア　餌（えさ）を食べるからねえ。

人類と恐竜の共存を示唆する遺物

ペルーのイカで発見された線刻石。同じ石のなかに、恐竜や人間のほか、三葉虫などが描かれているものもある。

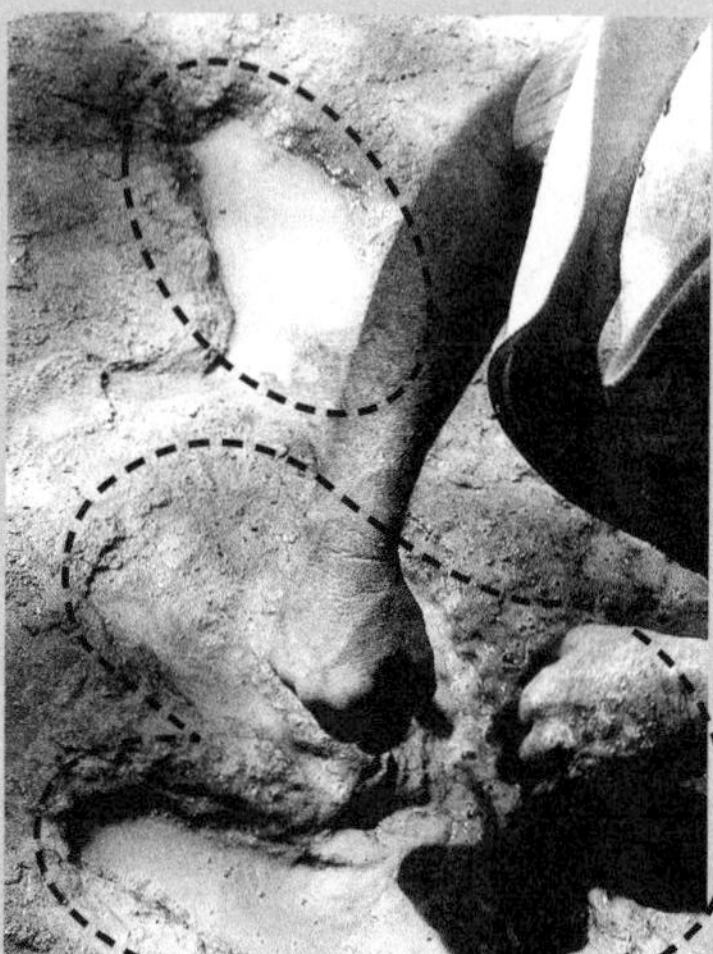

アメリカのテキサス州では、同一年代の地層から、恐竜と人間の足跡が発見されている（『恐竜のオーパーツ』カール・ボウ／クリフォード・ウィルソン）。

武田　ああ……。

ノア　どちらかといえば、もうちょっと温和な動物が中心で、大きくても象やキリンぐらいかな。

武田　あっ、やはりキリンは乗っていたんですね。

ノア　うん。

武田　今のアフリカにいるようなキリンとかライオンとかが乗っていたと？

ノア　今みたいに、そんなに離(はな)れてなくて、もうちょっと地続きだったからね。

武田　ああ、では簡単に集めることができたと？

ノア　うん、いたからね。

「神の声」を聞いた動物が箱舟に集まってきた

武田　「誰を乗せて、誰を乗せないか」というのは誰が決めていたんですか。

ノア　私。

武田　あっ、ノアさんが。

ノア　うーん。まあ、向こうから来たけどね。

武田　ああ……。

ノア　動物が集まってきたけどね。

武田　なんで動物は集まってこられたんでしょう？

ノア　動物は「神の声」が聞こえるらしい。

武田　聞こえるんですか。

ノア　うん、うん。

武田　聞こえたんですか。

ノア　だから、聞こえた動物は来たんだ。

武田　では、動物も、〝選ばれし動物〟が「神の声」を聞いて……。

ノア　そう、そう。残すかどうかを決めたんだと思う。

武田　ああ……。

ノア　つまり、食料を食べすぎるやつは残されなかったんだと思うんだけどなあ。

「創世記」によれば、清い獣と、清くない獣と、鳥と、地に這うすべてのものとの雄と雌とが２つずつノアのもとに来て箱舟に入った。その７日後に、洪水が起こった。

武田　ふーん。

斉藤　そういう動物も、いちおう神の声を聞いて集まってはこられてたんですか。

ノア　うん、うん。聞こえたみたいやなあ。ただ、神様っていうのはやっぱり〝記憶を消す癖〟があるからさあ（会場笑）。よく分からなくなるんだよなあ、ときどき。

激しい雨が降り続き、大洪水が起きた

磯野　もし、まだ記憶に残っていらっしゃったら教えていただきたいんですけれども、先ほど、「天の底が裂けて水が降ってきた」ということをおっしゃっていましたが、何かそのとき、この地球という星に宇宙から小惑星が近づいてきたり、ある

いは、隕石が衝突したり、そうした出来事というのはございましたでしょうか。

ノア　ああ、それはもう分からんな。さっぱり分からん。

　さっぱり分からんけども、平地で街がいっぱいあったところが海原みたいに変わって、何十日かそんなふうになったのは事実やから。ただ、何が原因でそうなったんかはちょっと分からない。

磯野　それは、一瞬にして大陸が水に呑み込まれたのか、それとも雨のようなものが長く降ってきて、次第しだいに沈んでいったのか、どちらでしょうか。

洪水は、すべての山々を覆うほどの規模で、150日の間、地にみなぎった。地上に残ったあらゆる生き物は死に絶えたという。

ノア　木があるほうだから、どちらかといえば私は丘陵地帯みたいなところで、舟をつくっておった。みんなが「こんなとこに水が来るわけがない」と思って笑ってたわけだから……。

やっぱり、隕石でも落ちたんだろうかなあ。

でも、雨は降ってたから。すごい降ってたなあ。雨はすごく降ってたよ。それは間違いなく降ってたわあ。

もしかしたら、本当に地軸でも動いたのかなあ。うーん、分からない。全部は分からないのよ。

10「日本人のルーツ」はどこなのか

日本の天孫降臨のルーツはノアの箱舟にある

武田　先ほどのお話で、「日本人の祖となるような部族を、わざわざ送り届けた」とおっしゃっていましたけれども、これはどういうことなんでしょうか。

ノア　「天から降りてきた種族」が日本にもいるだろう？
　そういう、天孫降臨族は一部、分かれて来

天孫降臨
天孫の邇邇芸命は、祖母である天照大神の命により、葦原中国（日本）を統治するために高天原から地上に天下った。

ているはずだけど、みんな、住み処を探して来ているからさあ。

武田　「送っていった」とおっしゃいましたが、どのようにして送っていかれたんでしょうか。地球の裏側なので、かなり遠いんですけれども。

ノア　いや、それがよく分からない。天から降りてきたらしい。

武田　ノアさんが送ったというか、乗り物に「一緒に乗っていた」ということですか。

ノア　いやあ、うちの神様に愛されてる部族から分かれていったのは間違いない。

武田　ああ。

ノア　だから、「日本人のルーツ」はこっちのほうだと思う。わしはそう思うがなあ。

天御中主神は空に城をつくって住んでいた？

武田　では、ノアさんが一緒に行って、日本まで送り届けたわけではないんですね？

ノア　ああ、いや、そんなに元気ではない。

武田　元気ではないんですね？（笑）

ノア　うーん、それは知らんけど……。

武田　では、飛行船か何かに乗って行ったということを知っていらっしゃるわけですか。

ノア　うーん。だから、天から降りてくるんじゃないの？　日本人の子孫も先祖も。

武田　では、天御中主神（あめのみなかぬしのかみ）を。

ノア　天御中主神……。

武田　ご存じなのでしょうか。

ノア　天御中主神っていったら、日本人の名前に……。

武田　そうですね。

ノア　天御中主神っていうのは、空に住んでた人だろう?

武田　ほう。

ノア　何か、空に城をつくって、生きてたような気がする。

武田　空に城をつくっていた?　宇宙船ということですか。

ノア　分からない。空に城があったの。

武田　それを見たことがあるんですか。

ノア　浮かんでいたよ。城が浮かんでた。

武田　浮かんでいた。それは、ご覧になったことがある？

ノア　うーん。浮かんで、そこに住んでたよ。なんで空に住んでるのかは分からないけど、空に住んでた人がいたなあ。いや、人じゃない。神様かな。

武田　ほう。

ノア　いたような気がする。

ノアと関係のある「日本神道の神」とは

武田　では、天照大神様は？

ノア　天照大神様になると、ちょっと、よく分からないんだけど……。

武田　分からないんですか。

ノア　よく分かんないんですけど。うーん……。まあ、確かに、似たような信仰は幾つかあるので。太陽信仰は、いろんなところにあったから、よく分からないなあ。

武田　では、国之常立神は？

ノア　ああ、もう、そのへんになると分からない。

武田　分からない？　では、日本に送られた方がどなたなのかは分からないのですか。

ノア　うーん、猿田彦大神は知ってるなあ。

武田　ほう。なぜご存じなんですか。

ノア　うーん、何か、天から啓示を降ろした。

武田　天から降ろした？　ノア様がですか。

ノア　〝はしご〟で下りていったでしょ。

武田　日本のほうで？　ですが、あなた様は、日本のほうまで行っていないんですよね？

ノア　うーん。だけど、なんか知ってるのよな。

武田　なぜ知っているのでしょう？

ノア　なんでやろうねえ。うーん。なんでだろうかねえ。何となく知ってるのなあ。

武田　猿田彦さんとは友達なんですか。敵？　味方？

ノア　猿田彦はねえ……。いやあ、私の精子からつくられたんじゃないかな、あの人は。

武田　ほう。では、出身地が同じほう……。

ノア　宇宙に住んでたんだけど、地球に住むことを許されたんだ、確かね。

その他の転生（てんしょう）も「義人（ぎじん）であることは間違（まちが）いない」

磯野　ノア様として肉体をお持ちになり、九百五十歳（さい）まで生きられたあと、霊界（れいかい）のほうにお還（かえ）りになったかと思

猿田彦大神は、日本神話に登場する神。邇邇芸命が、高天原から地上に降りた際（天孫降臨）、高天原から葦原中国までを照らし、先導したとされる。なお、『古事記』に描かれる猿田彦大神の水没死を、故地の「水没神話」と関連づけて解釈する研究もある。

うのですが、その後、また、この地上にお生まれになったりしたことはございますでしょうか。

ノア　うーん、まあ、そらあ、何度か、「神様の名前」で生まれてるかもしれないとは思うわなあ。

武田　ぜひ、お名前をお教えいただきたいのですが。

ノア　うーん？　だから、まあ、君たちが神様だと思う人は、みな、わしかもしらん。

武田　もっと具体的に教えてほしいのですけれども。

ノア　うん？　「具体的に」と言うても、わしほどの大神(おおがみ)になると、そんな簡単に姿を現すわけにはいかん。

武田　今のノア様と同じような立場の方々のお名前で結構なんです。ノア様のことは、世界中の人が知っていますので。

ノア　うーん。そうやなあ。

武田　そういう人はいませんかね？

ノア　いや、歴史は、必ずしも公平ではないからねえ。公平ではないんで、ちゃんと書かれてるかどうか分からない……。

武田　その後の転生で、有名な、あるいは、印象的な人生がございましたら、その人のお名前をお教えいただければありがたいのですが。

ノア　義人だ。

武田　義人？

ノア　義人であることは間違いない。

武田　では、さぞ、歴史に名前が遺っている方かと思うんですけれども。

ノア　そうかなあ。いやあ、最近は忙しいからね。

武田　あ、忙しいのですか。

ノア　忙しい……。いやあ、人類が忙しいしさあ、数が多いからねえ。うーん、そんなに正しいかどうかは分からないね。

「今の地球は全然面白くないから、目茶目茶にしてみたい」

武田　少し頭に浮かぶ程度の方でも結構なんですが、それだと、どういう方になるでしょう？

ノア　全然、浮かばんなあ。

武田　全然、浮かばない？（笑）

ノア　うーん……。

斉藤　ノア様ともあろう方が、そういうことはないと思うのですが。

ノア　いやあ、記憶がねえ、なんか薄れるんだなあ。

斉藤　うーん。

ノア　もしかしたら……、うーん、なんか、おかしい。もしかしたら、子孫で●ヘルメスとかが出てるかもしらんなあ。

武田　それは、ちょっと……。

●ヘルメス　4300年前にギリシャに実在した英雄。「愛」と「発展」の教えを説き、全ギリシャに繁栄をもたらし、西洋文明の源流となった。地球神エル・カンターレの分身の一人。

ノア　うん？

武田　ヘルメス様を信仰していた方ではないですか。

ノア　そんなのは幾らでもおるだろう。

武田　ええ。

ノア　そんなの、神様にならんじゃん。

斉藤　先ほど、「ゼウス様が」とおっしゃっていたかと思うのですが、あちら側でも、何かありませんか。

●**ゼウス**　ギリシャ神話における「オリンポス十二神」の主神。3600年前のギリシャを支配した実在の人物である。

ノア　あ、そうか、ゼウスな。うん、ゼウス。ゼウスも酒を飲んどったな。まあ、それでもいいけどなあ。うん、それは、ええなあ。

うーん……。まあ、大したのは生まれとらんからさあ。人類の数が増えたら、みんな、なんか偉くなくなっていってるから、面白くないのよ。

武田　面白くないですか。

ノア　うん、だから、預言者も小さくなったと同時に、神様への信仰も薄れていって、細分化されていってるからねえ。ぜーんぜん面白くないんだよねえ。全然面白くないんだよ。これ、本当に、一回、目茶目茶にしてみたい気持ちがあるね。

武田　目茶苦茶に。ああ……。

ノア　一回ねえ、きれいに〝ガラガラポン〟にしてみたい感じだ。

日本での転生の謎と「猿田彦神」との縁

武田　そういう認識の下で、日本にも生まれていらっしゃいますよね？　日本語がとても上手ですから。

ノア　日本に生まれてはねえ、うーん……。

武田　何度か生まれていらっしゃるのではないでしょうか。

ノア　やっぱり、猿田彦神社は小さすぎるよな、あれなあ。

武田　おお、そうですか。

ノア　もうちょっと大きくせないかんと思うなあ。おかしいよ。「大神」だろう?

武田　うーん。

ノア　大神だ。おかしいや、もう。

武田　猿田彦神社と関係があるんですか。

ノア　うーん。まあ、ちょっとだけなあ。

武田　どういうご関係が……。

猿田彦神社
天孫降臨を先導した猿田彦大神は、邇邇芸命を高千穂に案内した後、天宇受売命と一緒に本拠地に戻り、全国の開拓に当たった。その後、猿田彦大神が聖地として開拓した地に皇大神宮(伊勢神宮内宮)が造営された。猿田彦神社は、伊勢神宮内宮の近くにあり、猿田彦大神を祀っている。

ノア　何か、「子孫だ」という説もあるし。

武田　子孫？

斉藤　猿田彦神の祖先に当たる方ですか。

ノア　いやあ、この毛をプッと吹(ふ)いたら、こうなったんじゃないかなあ。

武田　（笑）では、猿田彦様そのものではないんですね？

ノア　うーん、猿田彦は子孫だな。

武田　子孫。

ノア　うん、子孫だと思うなあ。

武田　そのほかには、日本での転生(てんしょう)は……。

ノア　うーん、日本には偉い人がおらんからさあ。全然。

武田　いえいえ。

斉藤　たくさんいらっしゃいます。

武田　ええ、たくさんいらっしゃいます。

ノア　やっぱり、日本では面白うないねえ。

武田　では、世界にしましょうか。日本以外でも結構ですので、面白いところ……。

ノア　まあ、世界も小さいから面白うないね、あんまりねえ。

斉藤　では、いちばん面白かった人生はどちらでしょうか。

ノア　いちばん面白かった人生は……。いやあ、最近の二、三千年は、全然面白うないね。

武田　うーん。

ノア　とにかく面白うないっていうかねえ、やっぱり、もうちょっと人類を〝お仕置き〟しなきゃ駄目(だめ)なんですよ。面白くないんですよねえ。

武田　うーん。

11　ノアから現代人類への「警告」

「神の声を聞かない人類にはリセットが必要」

磯野　ノア様は、現在の世界を、どのようにご覧になっていますでしょうか。

ノア　やっぱり、(人類は) 神の声を聞かないでしょう。これは、もう一回、洪水を起こさなきゃいかんでしょう。

武田　洪水ですか。

ノア　今は、もう、偉(えら)い人なんかいないのよ。みんな、海の底に沈(しず)む人ばかりだから、要らない。偉い人なんかいないのよ。

磯野　現在、神の声を受け取り、それを伝える役割を果たしているのが、私ども幸福の科学であると信じておりますが、その神の声を信じる者たちは、これから迫ってくる未曾有の危機に対して、どのように対処していけばよろしいのでしょうか。

ノア　まあ、すでに負けてるでなあ。この世がすべてだと思うてる人たちに負けとるからさあ。負けてる以上は、もう、みんなには死んでもらわないといかんわなあ。思い切ったやり直しが……。リセットだ、リセット。リセットだね。

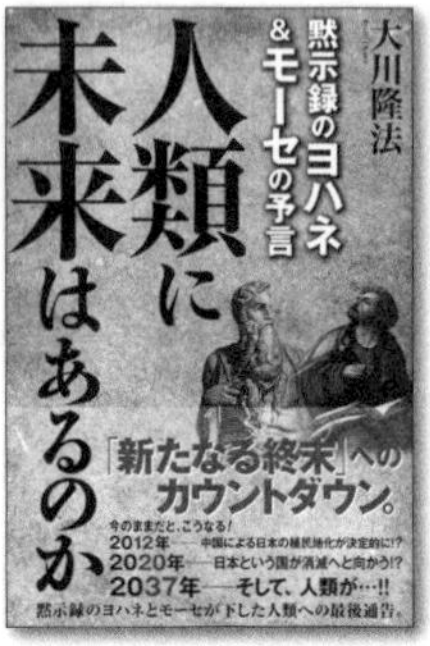

『人類に未来はあるのか』

『エドガー・ケイシーの未来リーディング』

磯野　「新しい箱舟のつくり方」のようなものはございますでしょうか。

ノア　いやあ、天上界にいったん戻って、もう一回生まれたらええねん。どっかに生き延びてる人もおるだろうからさ。

武田　うーん。

ノア　世界中に信者がいたら、どっかに残っとるよ。だからねえ、何か、もう神様も退屈してんのよ、この人類に。あんまりアホなんで、もう、それ……。

『西郷隆盛 日本人への警告』

『H・G・ウェルズの未来社会透視リーディング』

神々は時に文明を一旦リセットするかのような手段を用いることもあるものの、事前に預言者を通じて警告を発する。　（いずれも幸福の科学出版）

武田　「アホ」というのは、「神の声を聞かない」という意味ですか。

ノア　ああ、神の心を全然理解しないで、どうも、正反対のほうに行こうとしてるでしょう。警告しても聞かないしさ。ついてこないしさ。やっぱりね、そういうところはどうにかせにゃいかんわなあ。

「善悪の基準」が大きくズレてしまっている現代人

武田　現在のノア様が考える「神の心」「神の言葉」とは何でしょうか。

ノア　うん？　神の言葉？

武田　神のお言葉です。現在では何に当たるのでしょうか。

ノア　うーん。何だか知らんけど、すごくズレてるのよね。理解がね。

武田　ええ。

ノア　「善悪の基準」がすごくズレてるからさ、やっぱり、これは、何とかして戻(もど)さないといかんねえ。

わしは、もう古すぎるんで、ちょっと意識が朦朧(もうろう)としてるから。

武田　（笑）

ノア　もうちょっと新しいのでないと分からんよ。うーん。君たちの時代は、もう、退屈な軍隊アリの……。

神の名前は「〝魔法（まほう）〟をかけられてしまって分からない」

武田　エル・カンターレの教えは分かりますか。

ノア　エル・カンターレなんていう神様はいたっけなあ……。うーん……。

斉藤　「エルの神」とかは。

ノア　うーん。そんな神様ではなかったような気がするなあ。

武田　何という神様だったのでしょう。

ノア　うーん。いやあ、何か、ちょっと〝魔法（まほう）〟をかけられてねえ、記憶（きおく）が飛ぶんですよ。

武田　飛んでしまうんですね。分かりました。

ノア　はっきり思い出せないんだけど。

武田　では、このあたりで……。

ノア　何か、そういう名前ではなかったような気がするんですよねえ。

武田　はい。

ノア　うーん。何だかねえ。でも、今、神様は怒(おこ)ってるような感じがする。すごく地球を洗い流したい気持ちでいっぱいになってるような気がしてしかたがない。

本当の「人の条件」とは「神の性質」を持っていること

磯野　では、最近、世界各国で起きている津波、あるいは、大雨、ハリケーン等の自然災害というのは、そうした「天意の表れ」だと考えてよろしいでしょうか。

ノア　まあ、「人権」とかを言うのも結構だけど、「神様から取り上げて、みんなで分ける」っていうだけだったら、やっぱり、ちょっとは間違いがあるんじゃないかねえ。

磯野　はい。

ノア　それを、神様にお返ししなきゃいけない部分が信仰なんだろう？　なのに、それを忘れて、「人権だけがある」みたいな感じで、人が増えてきたら、人の権利ばかりが大きくなっていくじゃないですか。

だから、「人の条件」っていうのがあるからねえ。

武田　はい。

ノア　「人の条件」としては、やっぱり、「神様の性質」を持ってなけりゃいけないんだと思うんですよ。

だから、まあ、どうしようかなあ。君らは生き残りたいのかなあ。どうしようかなあ。本当ねえ。

武田　生き残って、明るい未来、神に祝福される未来をつくっていきたいと思っております。

現代の人類に対して快く思っていない神が存在している

ノア　まあ、イエスあたりも十字架に架けられとるし、マニも架けられとるしさあ。近代でも、偉い人がいっぱい殺されとるから、人類に対して、もうひとつ、快く思ってない神様もいるような感じがあって、ちょっと（人類の）考え方を変えたいんですよねえ。

武田　地上の人類の考え方を変えたい？

ノア　うーん。だから、信仰心のない人たちが増殖するのを許す気はないんですよ。

武田　はい。

イエス・キリスト（紀元前４〜紀元29）
キリスト教の開祖であるイエスは、磔刑に処せられるも、３日後に復活。「イエスの復活」に対する確信がもととなり、キリスト教は全世界へと広がっていった。

ノア　それに対しては、あらゆる手段を取るつもりでいます。

まあ、私のときの神様の名は、エル・カンターレとは言ってなかったので、ちょっと、よく分からないんだけども。

武田　分かりませんか。

ノア　うーん。ちょっとすっきりしないねえ。

斉藤　その方が「地球神（ちきゅうしん）」であり、「宇宙までつながっている神様」であるという認識はあられるんですか。

マニ（215～275）
マニの開いたマニ教は、善悪二元論を説く宗教として広がり、一時期、世界宗教となるも、その後、迫害を受け、マニは死刑に処せられた。

ノア　いやあ、それは記憶が消えてるんや。よく分からん。よく分からない。

武田　今も、そのように怒っている神がいらっしゃるということですね？

ノア　でもねえ、気象に関係してるのは、あんまりいい感じじゃないんで。

武田　はい。

キリスト教圏から順に〝お掃除〟が始まっている

斉藤　一度、大川総裁より、『フィリピン巨大台風の霊的真相を探る』（前掲）という霊言を頂いたことがあるのですが、こうした神様とは……。

ノア　うーん。だからねえ、今は、ちょっと、キリスト教圏の〝お掃除〟が始まってる。

武田　始まっているんですか。

ノア　うーん。キリスト教圏の〝お掃除〟が始まって、次にはイスラム教圏の〝お掃除〟も始まると思うんですよ。

それから、中国とかソ連とか……、ああ、ロシアかな？　それらの〝お掃除〟も始まるけど、今、日本も〝お掃除〟されかかっているから、必死なんだと思うんです。

武田　うーん。

ノア　〝お掃除〟。〝お掃除〟してる……。

武田　これは、「天変地異」という名の〝お掃除〟ですね?

ノア　〝お掃除〟していると思いますねえ。

武田　ああ。なるほど。

ノア　「キリスト教の神様が祝福してない」っていう感じかなあ。

武田　なるほど。では、これは「神罰(しんばつ)」なんですね?

ノア　「神罰」っていう言い方はよろしくないけど……。

武田　「天意」ですか。

ノア　「神様の意向に逆らっておいて、信仰しているふりをするのはよくない」っていうことなんかねえ。

武田　そういうことなんですね?

ノア　うーん。いや、私も……、ああ、ちょっと、これ、ボケ老人になったか。もう少し分かりにくいんですけど……。

武田　分かりました。

日本人は「預言者」や「救世主」について真剣に考えるべき

武田　人類は、本当に悔い改めて、神の声を聞かなければならないということですね？

ノア　いや、あのねえ、「預言者」とか「救世主」とかいうのを、日本人は、もっと真剣に考えたほうがいいよ。考えてないでしょう？

武田　そうですね。

ノア　そういうのを迫害したことはあるかもしれんけど、考えたことはないでしょう？

武田　はい。

ノア　もうちょっと真剣に考えなきゃいけない。「『（地上に）預言者を送る』というときに、その言葉を聞かなかった場合には、大変なことが起きるんだ」ということは知っておいたほうがいいと思うねえ。

武田　はい。

ノア　私たちは、（預言者の言葉を）聞かなかった彼らが犯した、不敬の数々については「記録」しているからね。それは、必ず、〝採算〟が取れるようにしてあげるからねえ。

武田　はい。人類へのメッセージとして受け取らせていただきたいと思います。

ノア　いや、何だか、ちょっと、全体に〝ボケ〟てしまったねえ。やっぱり、これは酒が抜けてないいんかなあ。

武田　（笑）

ノア　やっぱり、どうもいかんなあ。

武田　いえ、貴重なお話を伺いました。

日本など「どうにでもなる程度の国」

ノア　何か、今、「日本」と「イスラエル」の関係を探っとるんだろ？

●「日本」と「イスラエル」の関係　日本人とユダヤ人は共通の先祖を持つ兄弟民族であるとする、古くからある説。「日ユ同祖論」として知られる。

武田　そうです。

ノア　みんな一緒よ。そんなもん、全部一緒なのよ。全部一緒なのよ。もとはね。

武田　同じところから流れてきたと？

ノア　もとは全部一緒なのよね。一緒なんだけどね。だから、この世の人種なんていうものの差は、そんなにないのよ、本当は。ちょっと表れ方が違うだけのことだから。

武田　はい。

ノア　だから、日本がそんなに、「ずっと美しい、いい国か」っていうと、わしらから見れば、今は、どうにでもなるぐらいの国ではあるんだな。どうにでもなる。沈めるのも浮上（ふじょう）させるのも、何とでもなるような国ではあるねえ。

武田　今は、その五分五分のところにあるということですか。

ノア　五分五分っていうかなあ……。うーん……。だから、せっかく中国（大陸）方面に行ってた台風が、わざわざ呼び戻されて、日本列島に来るんだろう？（収録当時）

武田　ええ。

ノア　だいたい、台風に愛されるようでは駄目（だめ）だ

わな。それを追い散らすぐらいでなけりゃいけないわねえ。

武田　今、国民の信仰心が試されているということですね？

ノア　うん。

なぜか坂本龍馬の「洗濯したい」という声が聞こえる？

ノア　だから、〝お掃除〟が必要になってんだよ。〝大掃除〟が必要になってるんだから、〝大掃除〟をしなきゃいけない。〝大掃除〟。〝日本の大掃除〟をせないかん。あれ？　「坂本龍馬」っていう声が聞こえてくる。なんでや。これ、どうしてだろうかねえ。うーん、おかしいな。

バビロン捕囚
バビロニア人により、ユダ王国のユダヤ人たちがバビロニア地方へ捕虜として連行され移住させられた事件を指す。当初、強制移住は一時的なものとの楽観論があり、預言者のエレミヤとエゼキエルが、繰り返し危機を警告しても、捕囚民たちはまったく耳を傾けることはしなかった。結局、ユダヤ教の礼拝の中心地であるエルサレム神殿は破壊され、捕囚の終焉までには60年ほどの歳月が必要となった。

武田　はあ。

斉藤　何かご関係がありそうですか。

ノア　うーん……。何だったんやろうねえ？

斉藤　うーん……。

ノア　うーん……。坂本龍馬？

斉藤　それ以外の声は聞こえないのですか。

ノア　「大掃除、大掃除」って言ってる声は聞こえてくる。

斉藤　（笑）

武田　今、「そのとおりだ」という声をキャッチしたんですね？

ノア　うーん……。

斉藤　日本を洗濯……。

ノア　うーん、よく分からん。何か、「洗濯したい」って言ってる。

武田　なるほど。龍馬さんからのメッセージが降りていると。

ノア　じゃあ、〝代理人〟なんだな。

武田　代理人ですね？

ノア　日本の〝大掃除〟。ああ、（坂本龍馬は）〝ダスキン〟担当なんだ。うん、うん。

武田　（笑）

ノア　大掃除、洗濯。〝洗濯担当大臣〟なんだ。

武田　はい。分かりました。われわれも頑張（がんば）って、

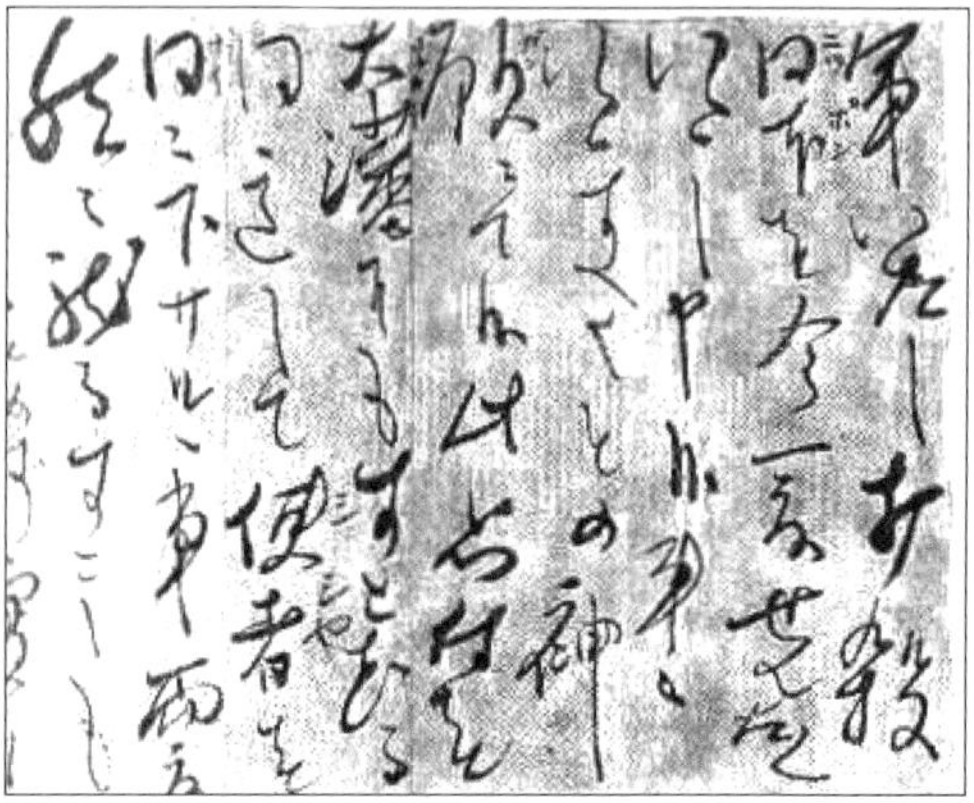

「日本（ニッポン）を今一度せんたくいたし申候」
坂本龍馬が 1863 年に姉の乙女宛に書いた手紙に綴られた言葉（右写真）。
長州藩と米仏との下関戦争の際、幕府が外国側と内通し、外国艦船の修理をしていたことに対して強い危機感を抱いてのこととされる。（京都国立博物館収蔵）

〝精神的な大掃除〟を……。

ノア　すっきりしないで悪かったねえ。

武田　いえ。とんでもないです。

「天意の下に起こりうること」を伝えるのがノアの仕事

ノア　まあ、「箱舟伝説」に当たることはあった。大洪水はあった。しかし、なんで起きたかは、よう分からん。

武田　はい。

ノア　ただ、滅びたものはたくさんあった。その後、何かは分からないけれども、神様が選んだ人たちの子孫が、世界各地で繁栄(はんえい)はした。

武田　はい。

ノア　その後の流れのなかで、また、思わしくない感じが起きてきていて、「今、キリスト教やイスラム教、仏教、それから神道(しんとう)、あるいは、無神論など、いろんな国々に対して、それぞれ『大掃除をしたい』っていう気持ちが天意として表れ、いろんなことが起きるかもしれませんよ」ということを伝えるのが私の仕事で、それを、誰(だれ)が、どうしようとしているのかについては、〝ボケ老人〟としては

レオナルド・ダ・ヴィンチによる「大洪水」の素描。晩年、ダ・ヴィンチは、「大洪水による崩壊」という黙示録的なビジョンを何作も素描として残した（ウィンザー城収蔵）。

分からないっていうことだねえ。

武田　人類への貴重なメッセージだと思います。

ノア　あんまり役に立たんで、すまんかった。

武田　とんでもないことでございます。ありがとうございます。

ノア　これじゃあ映画がつくれんなあ。すまんかったなあ。もうちょっと具体的に言ってやらないと、映画にならないかなあ。

武田　いえ、十分な内容だったと思います。

ノア　うーん。

武田　ありがとうございました。

ノア　うん。はい。

斉藤　ありがとうございました。

12 ノアの霊言から見えてくるもの

「かなり古い意識」が現れて語った箱舟伝説の真相

大川隆法　（手を二回叩く）うーん。〝ボケた〟ふりをしていて分かりませんが、あまりつかませてはくれませんでしたね。

磯野　はい。

大川隆法　意識的には古すぎて、おそらく、最近、使っていない意識なのではないでしょうか。

武田　古い感じですね。

大川隆法　最近は、「別の意識」が仕事をしているのでしょう。この意識は、おそらく、「古い意識」だと思います。

それを出してきているので、あのようになっているのではないでしょうか。はっきりした転生は出なかったので、分からなかったのですが、「新しい意識」がいれば、もう少しシャープなことを言うはずです。

ただ、「それさえ言いたくない」という雰囲気でもありました。

武田　ところどころ、記憶がなくなってしまっていて……（苦笑）。

大川隆法　浦島太郎のような感じが、少しありますね。

武田　ええ。九百五十歳まで生きたという謎の真実が、少し垣間見れたかもしれません。

大川隆法　そうですね。浦島太郎のようなところが少しあったような感じもしますが、実際、神様の目から見たら、地球が水浸しになったり、人が住めるようになったり、耕作ができるようになったりする間には、ものすごく時間がかかっているのかもしれません。

そのあたりをつなげていくと、そんな感じになるのかもしれませんが、もうひとつ、正体不明でした。

武田　はい。

大川隆法　また、「ノアの箱舟伝説は、もう少し古い時代の出来事かもしれない」

ということでした。

武田　そうですね。

大川隆法　アトランティスのあたりと近づいてくるような話になりましたね。いずれにせよ、この意識はさすがに古すぎます。おそらく、使っていない意識なのではないでしょうか。

〝蔵出し〟して、埃を払って出てきたような感じです。

武田　（笑）ああ、そうですか。

大川隆法　そういう意識を、今、出したのではないかと思いますね。普段は使っていない意識ではないでしょうか。おそらく、そうだと思います。

そうでなければ、これだけボケないですからね。

武田　（笑）

ノアが霊言のなかで暗に語った「霊言の重要性」

大川隆法　ノアの魂のなかで、「最近、地上に生まれた部分」がいたら、おそらく、もう少しはっきりしたことを言うと思います。

ただ、「『神示のようなものを軽んじていると、人類にとって、プラスになることはない』と、一言、言いたかった」ということでしょう。

要するに、「霊言をコケにする者は許さない」ということを、暗に語ったと思います。「最終的に、ノアの箱舟のようなこともないわけではない」ということだけは言いたかったのかもしれません。

武田　そうですね。

大川隆法　今回は、正体を突き止めることができませんでした。なぜか、猿田彦神の名前が少し出ましたが、この意味は、よく分かりません。
　猿田彦神はお酒を飲んでいたのでしょうか。ただ、飲むとしたら、おそらく日本酒でしょう。

武田　そうですね。ブドウ酒ではないと思います。

大川隆法　きっと、日本酒ですよね。

武田　はい。

大川隆法　よくは分かりませんが、まあ、分からないこともありましょう。「『ノアの大洪水は、四千五百年前より、もう少し古いかもしれない』ということが出てきました」というところで、今日は、終わりにしましょうか（一回手を叩く）。

一同　ありがとうございました。

あとがき

今年はノアの箱舟伝説の映画と、ポンペイの大噴火の映画二本が、近づいている神罰の予告をしているようで無気味だった。それ以外にも、宇宙人もからんだ世紀末映画も多い。

今の日本人は、神罰や祟(たた)りなどせせら笑い、宇宙人関連物はエンタテイメント、霊界は魔法かファンタジー程度にしか思っていない。

しかし今、その「常識」の「底」が割れる時機(じき)が近づいているように感じられる。私の説法なども、日本人より外国人のほうがよく理解できる場合が多い。おそらく宗教的教養の差だろう。

もういいかげんに目覚めてはどうか。歴史上、神罰がどのようなものであったかを学び、預言者の言葉を無視し続けた民族の哀れに目を向けるべき時だ。

二〇一四年　七月二十五日

幸福の科学グループ創始者兼総裁　大川隆法

『「ノアの箱舟伝説」は本当か』 大川隆法著作関連書籍

『太陽の法』（幸福の科学出版刊）
『フィリピン巨大台風の霊的真相を探る』（同右）
『宇宙からのメッセージ』（同右）
『宇宙人リーディング』（同右）
『ダークサイド・ムーンの遠隔透視』（同右）
『神々が語る レムリアの真実』（同右）
『宇宙からの使者』（同右）
『レプタリアンの逆襲Ⅰ』（同右）
『レプタリアンの逆襲Ⅱ』（同右）
『アトランティス文明の真相』（同右）
『人類に未来はあるのか』（同右）

『エドガー・ケイシーの未来リーディング』(同右)

『H・G・ウェルズの未来社会透視リーディング』(同右)

『西郷隆盛 日本人への警告』(同右)

※左記は書店では取り扱っておりません。最寄りの精舎・支部・拠点までお問い合わせください。

『女性リーダーたちの宇宙の記憶』(宗教法人幸福の科学刊)

『天之常立神の霊言』(同右)

「ノアの箱舟伝説」は本当か
――大洪水の真相――

2014年8月7日　初版第1刷

著　者　　大川隆法

発行所　　幸福の科学出版株式会社

〒107-0052 東京都港区赤坂2丁目10番14号
TEL(03)5573-7700
http://www.irhpress.co.jp/

印刷・製本　株式会社 堀内印刷所

落丁・乱丁本はおとりかえいたします

ISBN978-4-86395-507-3 C0014
写真：AFP＝時事 アフロ

大川隆法シリーズ・**最新刊**

NHK「幻解！超常ファイル」は本当か

ナビゲーター・栗山千明の守護霊インタビュー

NHKはなぜ超常現象を否定する番組を放送するのか。ナビゲーター・栗山千明氏の本心と、番組プロデューサーの「隠された制作意図」に迫る！

1,400円

「集団的自衛権」はなぜ必要なのか

日本よ、早く「半主権国家」から脱却せよ！ 激変する世界情勢のなか、国を守るために必要な考え方とは何か。この一冊で「集団的自衛権」がよく分かる。

1,500円

人間力の鍛え方

俳優・岡田准一の守護霊インタビュー

「永遠の0」「軍師官兵衛」の撮影秘話や、演技の裏に隠された努力と忍耐、そして心の成長まで、実力派俳優・岡田准一の本音に迫る。

1,400円

大川隆法 ベストセラーズ・忍耐の時代を切り拓く

忍耐の法

「常識」を逆転させるために

人生のあらゆる苦難を乗り越え、夢や志を実現させる方法が、この一冊に──。混迷の現代を生きるすべての人に贈る待望の「法シリーズ」第20作！

2,000円

「正しき心の探究」の大切さ

靖国参拝批判、中・韓・米の歴史認識……。「真実の歴史観」と「神の正義」とは何かを示し、日本に立ちはだかる問題を解決する、2014年新春提言。

1,500円

自由の革命

日本の国家戦略と世界情勢のゆくえ

「集団的自衛権」は是か非か！？ 混迷する国際社会と予断を許さないアジア情勢。今、日本がとるべき国家戦略を緊急提言！

1,500円

大川隆法ベストセラーズ・「幸福の科学大学」が目指すもの

「実践経営学」入門

「創業」の心得と「守成」の帝王学

「経営の壁」を乗り越える社長は、何が違うのか。経営者が実際に直面する危機への対処法や、成功への心構えを、Q＆Aで分かりやすく伝授する。

1,800円

青春マネジメント

若き日の帝王学入門

生活習慣から、勉強法、時間管理術、仕事の心得まで、未来のリーダーとなるための珠玉の人生訓が示される。著者の青年時代のエピソードも満載！

1,500円

人間にとって幸福とは何か

本多静六博士 スピリチュアル講義

「努力する過程こそ、本当は楽しい」さまざまな逆境を乗り越え、億万長者になった本多静六博士が現代人に贈る、新たな努力論、成功論、幸福論。

1,500円

早稲田大学創立者・大隈重信「大学教育の意義」を語る

大学教育の精神に必要なものは、「闘魂の精神」と「開拓者精神」だ！ 近代日本の教育者・大隈重信が教育論、政治論、宗教論を熱く語る！

1,500円

幸福の科学グループのご案内

宗教、教育、政治、出版などの活動を通じて、地球的ユートピアの実現を目指しています。

宗教法人　幸福の科学

一九八六年に立宗。一九九一年に宗教法人格を取得。信仰の対象は、地球系霊団の最高大霊、主エル・カンターレ。世界百カ国以上の国々に信者を持ち、全人類救済という尊い使命のもと、信者は、「愛」と「悟り」と「ユートピア建設」の教えの実践、伝道に励んでいます。

（二〇一四年七月現在）

愛

幸福の科学の「愛」とは、与える愛です。これは、仏教の慈悲や布施の精神と同じことです。信者は、仏法真理をお伝えすることを通して、多くの方に幸福な人生を送っていただくための活動に励んでいます。

悟り

「悟り」とは、自らが仏の子であることを知るということです。教学や精神統一によって心を磨き、智慧を得て悩みを解決すると共に、天使・菩薩の境地を目指し、より多くの人を救える力を身につけていきます。

ユートピア建設

私たち人間は、地上に理想世界を建設するという尊い使命を持って生まれてきています。社会の悪を押しとどめ、善を推し進めるために、信者はさまざまな活動に積極的に参加しています。

国内外の世界で貧困や災害、心の病で苦しんでいる人々に対しては、現地メンバーや支援団体と連携して、物心両面にわたり、あらゆる手段で手を差し伸べています。

年間約３万人の自殺者を減らすため、全国各地で街頭キャンペーンを展開しています。

公式サイト **www.withyou-hs.net**

ヘレン・ケラーを理想として活動する、ハンディキャップを持つ方とボランティアの会です。視聴覚障害者、肢体不自由な方々に仏法真理を学んでいただくための、さまざまなサポートをしています。

公式サイト **www.helen-hs.net**

INFORMATION

お近くの精舎・支部・拠点など、お問い合わせは、こちらまで！

幸福の科学サービスセンター

TEL. 03-5793-1727（受付時間 火〜金：10〜20時／土・日：10〜18時）

宗教法人 幸福の科学 公式サイト happy-science.jp

教育

学校法人 幸福の科学学園

学校法人 幸福の科学学園は、幸福の科学の教育理念のもとにつくられた教育機関です。人間にとって最も大切な宗教教育の導入を通じて精神性を高めながら、ユートピア建設に貢献する人材輩出を目指しています。

幸福の科学学園

中学校・高等学校（那須本校）
2010年4月開校・栃木県那須郡（男女共学・全寮制）
TEL **0287-75-7777**
公式サイト **happy-science.ac.jp**

関西中学校・高等学校（関西校）
2013年4月開校・滋賀県大津市（男女共学・寮及び通学）
TEL **077-573-7774**
公式サイト **kansai.happy-science.ac.jp**

幸福の科学大学（仮称・設置認可申請中）
2015年開学予定
TEL **03-6277-7248**（幸福の科学 大学準備室）
公式サイト **university.happy-science.jp**

仏法真理塾「サクセスNo.1」 TEL **03-5750-0747**（東京本校）
小・中・高校生が、信仰教育を基礎にしながら、「勉強も『心の修行』」と考えて学んでいます。

不登校児支援スクール「ネバー・マインド」 TEL **03-5750-1741**
心の面からのアプローチを重視して、不登校の子供たちを支援しています。
また、障害児支援の**「ユー・アー・エンゼル!」**運動も行っています。

エンゼルプランV TEL **03-5750-0757**
幼少時からの心の教育を大切にして、信仰をベースにした幼児教育を行っています。

シニア・プラン21 TEL **03-6384-0778**
希望に満ちた生涯現役人生のために、年齢を問わず、多くの方が学んでいます。

NPO 活動支援

学校からのいじめ追放を目指し、さまざまな社会提言をしています。また、各地でのシンポジウムや学校への啓発ポスター掲示等に取り組む一般財団法人「いじめから子供を守ろうネットワーク」を支援しています。

ブログ **blog.mamoro.org**
公式サイト **mamoro.org**
相談窓口 **TEL.03-5719-2170**

政治

幸福実現党

内憂外患の国難に立ち向かうべく、二〇〇九年五月に幸福実現党を立党しました。創立者である大川隆法党総裁の精神的指導のもと、宗教だけでは解決できない問題に取り組み、幸福を具体化するための力になっています。

党員の機関紙
「幸福実現NEWS」

TEL 03-6441-0754
公式サイト hr-party.jp

出版メディア事業

幸福の科学出版

大川隆法総裁の仏法真理の書を中心に、ビジネス、自己啓発、小説など、さまざまなジャンルの書籍・雑誌を出版しています。他にも、映画事業、文学・学術発展のための振興事業、テレビ・ラジオ番組の提供など、幸福の科学文化を広げる事業を行っています。

アー・ユー・ハッピー？
are-you-happy.com

ザ・リバティ
the-liberty.com

幸福の科学出版
TEL 03-5573-7700
公式サイト irhpress.co.jp

THE FACT

ザ・ファクト
マスコミが報道しない「事実」を世界に伝えるネット・オピニオン番組

Youtubeにて随時好評配信中！

ザ・ファクト　検索

入会のご案内

あなたも、幸福の科学に集い、
ほんとうの幸福を
見つけてみませんか？

幸福の科学では、大川隆法総裁が説く仏法真理をもとに、
「どうすれば幸福になれるのか、また、
他の人を幸福にできるのか」を学び、実践しています。

入会

大川隆法総裁の教えを信じ、学ぼうとする方なら、どなたでも入会できます。入会された方には、『入会版「正心法語」』が授与されます。（入会の奉納は1,000円目安です）

ネットでも**入会**できます。詳しくは、下記URLへ。
happy-science.jp/joinus

三帰（さんき）誓願（せいがん）

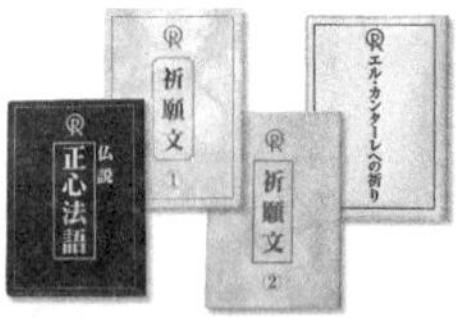

仏弟子としてさらに信仰を深めたい方は、仏・法・僧の三宝への帰依を誓う「三帰誓願式」を受けることができます。三帰誓願者には、『仏説・正心法語』『祈願文①』『祈願文②』『エル・カンターレへの祈り』が授与されます。

植福（しょくふく）の会

植福は、ユートピア建設のために、自分の富を差し出す尊い布施の行為です。布施の機会として、毎月1口1,000円からお申込みいただける、「植福の会」がございます。

「植福の会」に参加された方のうちご希望の方には、幸福の科学の小冊子（毎月1回）をお送りいたします。詳しくは、下記の電話番号までお問い合わせください。

月刊「幸福の科学」

ザ・伝道

ヤング・ブッダ

ヘルメス・エンゼルズ

INFORMATION	幸福の科学サービスセンター TEL. **03-5793-1727**（受付時間 火～金：10～20時／土・日：10～18時） 宗教法人 幸福の科学 公式サイト **happy-science.jp**